I study English
with my diary!

英語日記
BOY

海外で夢を叶える英語勉強法

新井リオ

ENGLISH
DIARY
BOY

左右社

留学できなくても
語は話せるようになる
ら英語で日記を書こう

英

今日か

海外とは
英語が話せるようになる場所ではなく
「努力がしやすい場所」だった

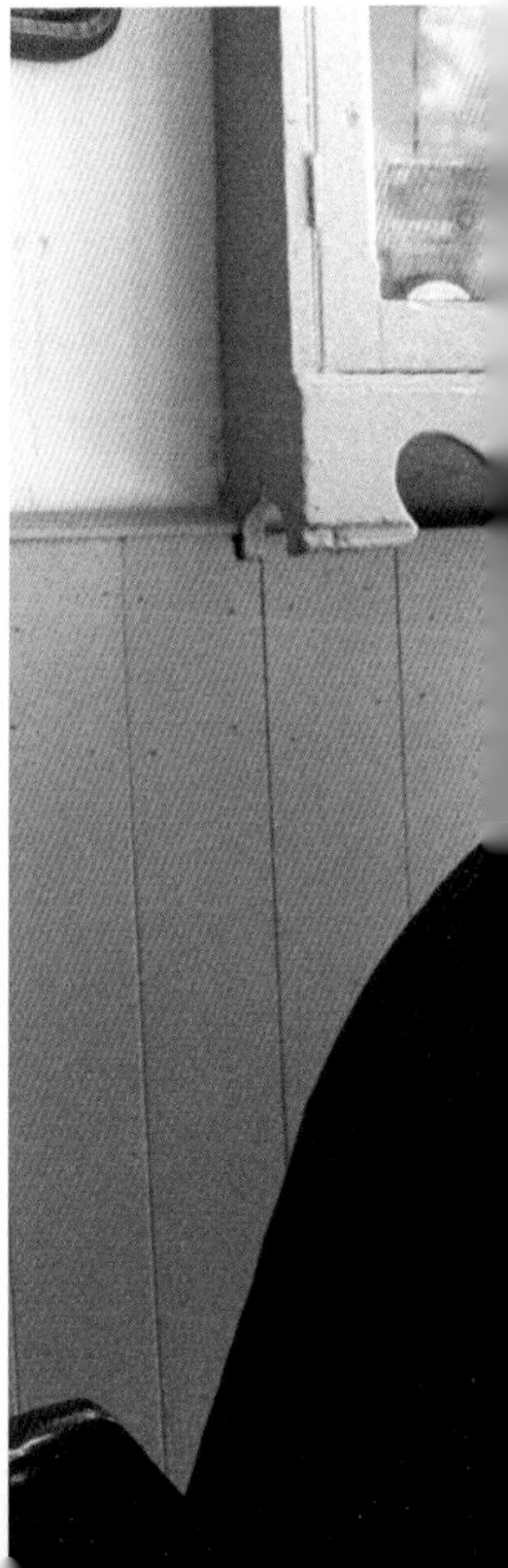

英語日記の書き方

留学も教科書もいらない！

1. 日本語日記を書く　5分

例

先週から英語の勉強をはじめた。いつかロンドンで働いてみたい。今は趣味としてイラストを描いているけど、これが数年後に仕事になったらなんて素敵だろう。

Point

日記に書くこと（＝自分にとって教科書例文より必要なことば）から勉強する。

2. 要約文をつくる　5分

例

数年後にロンドンでイラストレーターとして仕事をするために、英語を勉強しています。

Point

一回で覚える文量を短くすれば、継続しやすくなる。

3. 自力で英語にする　10分

例

I want to work in London as an illustrator several years later, so I study English.

Point

英語で何を言えて、何を言えないのかを知るため、まずは自力で書く。

4. 添削してもらう　25分

例

I'm studying English to be able to work in London as an illustrator in a few years.

Point

オンライン英会話で添削してもらい、オリジナル例文を手に入れる。

5. スマホひとりごと　15分

スマホの音声入力にむかって、発音を認識してくれるまで何度も話しかける（目標100回！）

Point

「口に出した回数」と「使いやすさ」は比例する。

英語日記ヒストリー

2015 手書き英語日記

20歳のときに行ったアメリカでの体験をきっかけに、「英語日記」を使った勉強をはじめる。

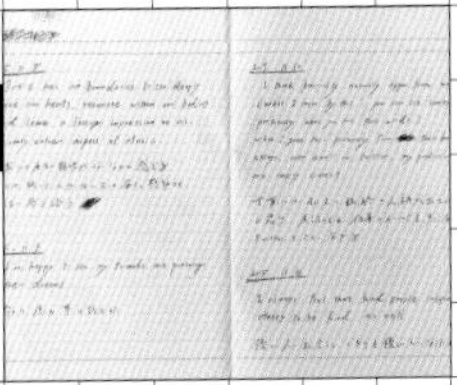

2016 PC版英語日記

デザイナーになるため、単身カナダへ渡る。この頃から日記をパソコンで書きはじめる。

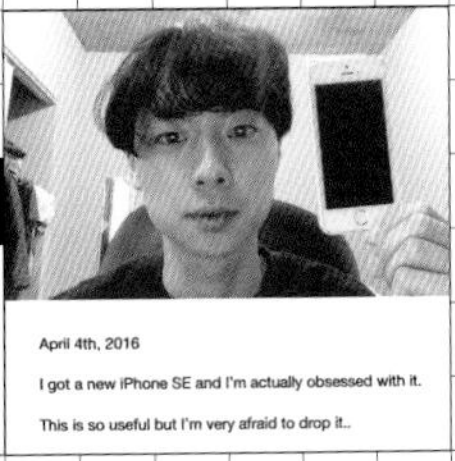

2017 英語日記×SNS

デザインの練習と営業を兼ねて、アレンジした英語日記をInstagramで毎日公開しはじめる。

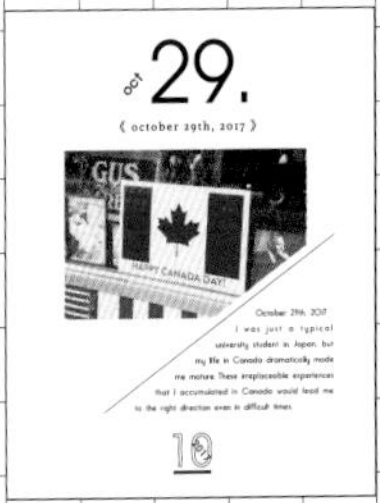

2018 英語日記×グッズ

英語日記をグッズにすれば誕生日プレゼントになるのではないか!?と思いつき、制作する。

2019 英語日記×イラスト

様々な国のクライアントから仕事をもらえるように。英語日記は世界を繋ぐツールになった。

英語日記BOYの仕事

英語日記がつなげてくれた仕事を、少し紹介します。

■VASUDEVA（US）

アメリカニュージャージー州のロックバンドVASUDEVAから「バンド時代から見ていたよ！　是非グッズを作って欲しい」とDMが届いた。実は僕も彼らのファンで、カナダツアーを見に行ったこともあったのだ！　こんな形で関わることができて光栄だった。翌年に初対面し、メンバーみんなとハグをした。

■Pastel Music（Korea）

Piper Labs

韓国の音楽レーベル Pastel Music がはじめたクリエイティブチーム “Piper Labs” のロゴデザインと、メインイラスト。名前はスポーツカーの Piper car に由来することから、車のアイコンを。背景には、ソウルのマップと街の人々を描いた。

■pink amoy（China）

中国の廈門に新設されたホテル pink amoy から、ロゴデザインと館内イラストの依頼。送られてきた写真に映る、ホテルから見えるエメラルドグリーンの海が美しかった。いつか見に行こう。

pink amoy

■So Much Light（US）

僕の iPod 再生ランキングTOP10を高校生の頃から独占してきた、一番好きなアメリカのアーティスト So Much Light。インスタグラムでたまたまフォローしてくれたのが嬉しすぎて、彼をイメージしたイラストを勝手に描いて送ってしまった。熱意を受け取ってくれた彼は、そのイラストをグッズとして使ってくれた。インスタグラムで自分のことを紹介してくれたときは本当に感動した。

■フワちゃん（Japan）

ある日、大好きなYouTuberのフワちゃんからDMが届いた。「英語ブログの人ですよね!?」英語好きなフワちゃんは、自分のブログを参考にしてくれていたらしい。そこから一気に仲良くなり、ポスターやホームページなどをデザインさせてもらった。本当に素敵な人。

■Christmas in the Sky Supported by SUBARU（Japan）

六本木ヒルズ展望台で開催されたクリスマス限定イベントに、イラストを使用していただいた。それぞれ、「太陽」「星」を描いた。英語日記をイラスト化して毎日更新するのは大変だったが、本当に様々な仕事を、世界中からいただけるきっかけになった。

また、自分の表現スタイルも「継続すること」で徐々に確立していったと思う。何かを上手くなりたいなら「工夫しながら、毎日やる」英語もデザインもイラストも、これだけを信じてきた。

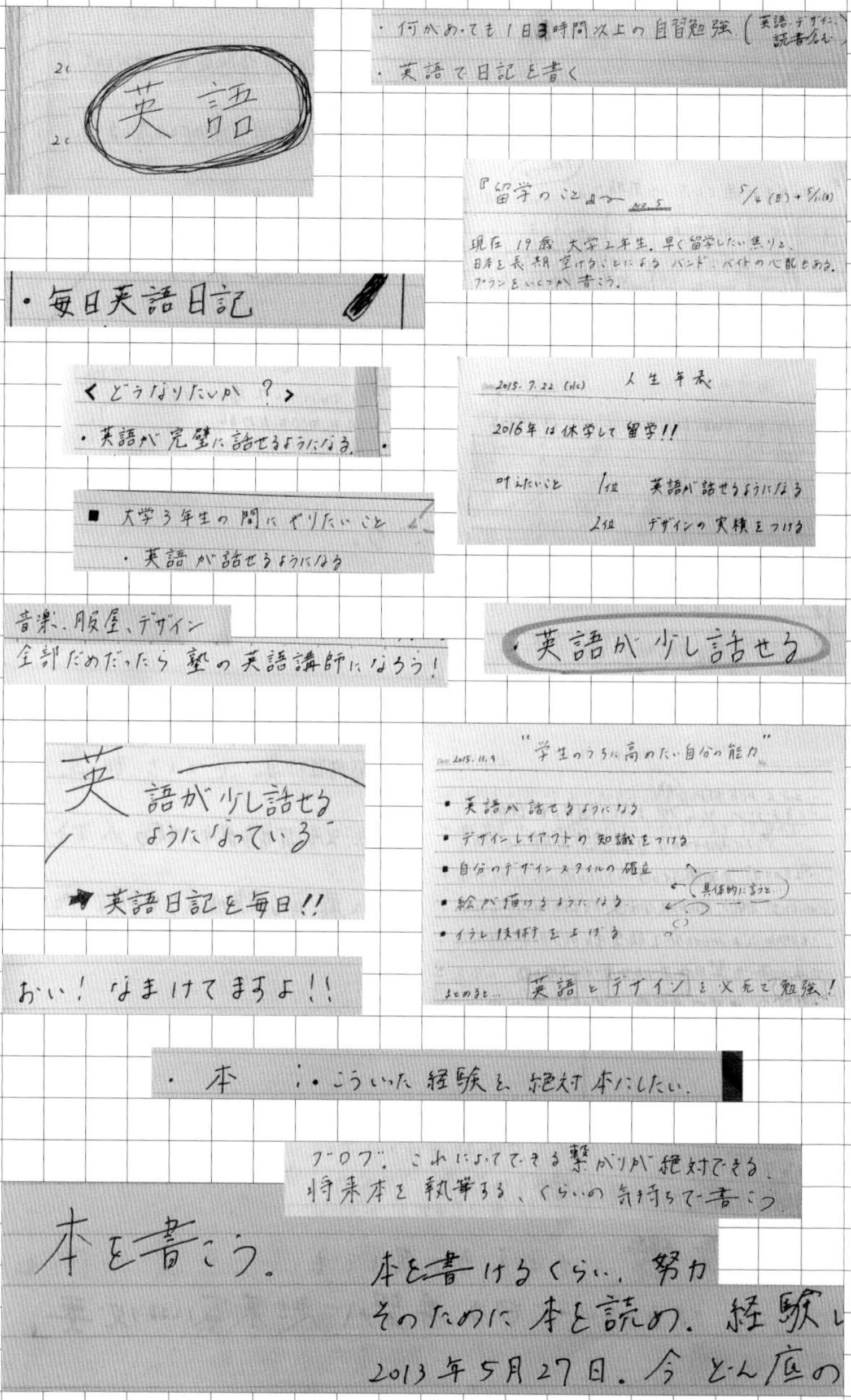
英語
・何かあっても1日3時間以上の自習勉強（英語、デザイン、読書など）
・英語で日記を書く
『留学のこと』～ No.5 5/4(日)→5/11(日)
現在19歳 大学2年生。早く留学したい焦りと、
日本を長期空けることによるバンド、バイトの心配もある。
プランをいくつか書こう。
・毎日英語日記
＜どうなりたいか？＞
・英語が完璧に話せるようになる。
2015.7.22(水) 人生年表
2016年は休学して留学!!
叶えたいこと 1位 英語が話せるようになる
2位 デザインの実績をつける
■ 大学3年生の間にやりたいこと
・英語が話せるようになる
音楽、服屋、デザイン
全部だめだったら塾の英語講師になろう！
・英語が少し話せる
英語が少し話せるようになっている
英語日記を毎日!!
2015.11.9 "学生のうちに高めたい自分の能力"
・英語が話せるようになる
・デザイン・レイアウトの知識をつける
・自分のデザインスタイルの確立
・絵が描けるようになる
・イラレ技術を上げる
具体的に言うと…
まとめると… 英語とデザインを必死で勉強！
おい！なまけてますよ!!
・本 ：・こういった経験を絶対本にしたい。
ブログ。これによってできる繋がりが絶対できる。
将来本を執筆する、くらいの気持ちで書こう
本を書こう。
本を書けるくらい、努力
そのために本を読め。経験し
2013年5月27日。今どん底の

はじめに

5年前、お金がなかった僕は、最も効率のいい英語勉強法として**「英語で日記を書く」**ことを決めた。

「参考書での勉強」も「英会話スクール通い」も「語学留学」もしていない。

極端に言うと、僕は**「英語日記を書き続け、英語が話せるようになった人」**ということになる。

どういうことか？

最初は、一般的に言われている「例文暗記が大事」という言葉を信じ、教科書に書いてある例文を一通り暗記した。しかし、そのフレーズをそのまま使うことは、実際の生活ではほとんど起こらなかった。まったく無意味ではなかったのだけれど、使うときはいちいち「自分の言葉に入れ替えて」使った。

例えば、
「used to（かつて〜していた）」という英語がある。
僕はこれを、教科書の通り、

She used to play the piano for 3 years.

彼女はかつて3年間ピアノを弾いていました。

と覚えた。しかし実際に使うときは、

と、「自分のこと」に言い直さなければならなかった。
この言い直しに時差が生じて、言葉につまったりした。そこで気づいた。

I used to play the guitar for 7 years.

僕はかつて7年間ギターを弾いていました。

どうせ入れ替えて使うならば、最初からオリジナル英語フレーズに書き換えてから、覚えてしまえばいいのではないか？

これがよかった。実際の会話では、あらかじめ覚えた「オリジナル英語フレーズ」を連続して口から出すことで、会話が成り立つようになった。

本当に簡単なのだ。例文を見たら主語を〝I〟に変え、その後に続く単語を「自分のこと」に置き換えて覚える。これだけでいい。

英語が話せるとは、**すぐに言えるオリジナル英語フレーズの引き出しが多いこと**だったのだ。これは発見だった。

留学歴があっても、どれだけ外国人の友達が多くても「オリジナル英語フレーズが瞬時に出てこない」のならば、それは「英語が話せる人」ではなく「なんとなく外国人とコミュニケーションが取れる人」とか、そんな感じだ。

それ以降、お金も時間もなかった当時20歳の僕は、海外生活をシミュレーションし「いつか言いそうなオリジナル英語フレーズ」を先回りして書き留めた。そしてそのフレーズを英語で言えるように、毎日練習した。
「いつか言いそうなオリジナル英語フレーズ」には、以下のような共通点があった。

①日頃、自分の身に起こること

将来海外に行ったら、現地の友達・仕事仲間と英語で話すことになる。特に友人間の会話では、「今日仕事どうだった?」とか「土日何してるの?」といったことをよく尋ねると思う。つまり、仕事も含め「日頃、自分の身に起こること」を、あらかじめ英語で言えるようにしてしまえば、このような場面に即座に対応できる。

②日頃、考えていること

英語で「日常会話」ができるようになりたいと言う人がいる。しかし、日常会話は人によって異なる。例えば大学生にとっては「授業の単位が取れるか心配だ」というトピックが日常会話になるかもしれないし、子育て中の人は「子育ては大変だけど楽しくて…」といった内容が日常会話になり得る。つまり、その人が「日頃、頭で考えていること」こそが、自分にとって本当に必要な英語になる。

そうか、僕はやはり、教科書例文暗記をやっている場合ではない。
①日頃、自分の身に起こることと、**②日頃、考えていること**を英語で言えるようにしなければならないのだ。

ん？
ここであることに気づく。

日頃、自分の身に起こること
日頃、考えていること

それって、つまり**「日記」**じゃないか？

毎日、日記に書くような内容を、全て英語で言えるように練習すれば、自分にとっての「英語が話せる」の条件を完全にクリアできるのではないか？　と思ったのだ。

決めた。

僕は「日記」で英語を勉強する。

様々な書き方の変化はあったが、基本的にこの5年間「英語日記」を書き続けた。

そして、どうなったか。

2013年に大学生だった僕は、日記を書き続けて英語が話せるようになり、2016年にカナダで「デザイナー」になった。そして2017年、「英語日記を使った勉強法」を書いたブログが「英語　独学」Google検索1位を獲得し、累計300万PVを記録する。2018年に帰国してからは、英語日記をInstagramで公開し、様々な仕掛けを加え、インターネット経由の仕事依頼だけで生計が立つようになった。

あえて言い切らせてほしい。
もう、参考書も留学もいらない。

今日から英語で日記を書こう。
自分で作った英文を話そう。

この本は、常識を疑い「英語日記」で夢を叶えた、とあるＢＯＹの勉強法とカナダ生活の記録です。

第2章 ― 勉強篇

英語をどう勉強するか？

第3章 ― 実践篇 英語をどう使うか?

第1章

考え方篇

どうすれば「英語が話せる」のか？

２０１３年、当時大学1年生だった僕は、英語が話せなかった。

「話せるようになりたい」とはずっと思っていて、努力はしてきた。

大学では「英語スピーキングクラス」を取り、先生に「音読がいい」と言われたらとりあえずやってみた。人気の参考書にはだいたい目を通し、どの留学先がいいか下調べもした。

しかしうちは裕福ではなかったから、たとえ留学先を決めたところで、留学することは不可能だった。

「なぜこんなに英語が話せるようになりたい自分が留学に行けなくて、たまたま裕福な家庭に生まれた大学生たちが簡単に行けるのだろうか？」

お金のことを考えるほど卑屈な気持ちを抱くようになっていった。

ただ、この卑屈さが「非常にかっこわるい」自覚もあった。「英語を話せるようになりたい」という希望を抱いていたはずなのに、社会への不満ばかりが募り、もはや英語でもなんでもなくなっている。何かが根本的に間違っていて、何かを劇的に変えなければいけないような気がした。

僕はまず、何をすればいいのだろうか。

お金はないが、時間だけはある。

そこで**「英語が話せる」の定義**を自分で決めるところからはじめてみた。

すると、今まで曖昧にしてきた、英語学習の本当に大事な要素が見えてきた。

僕は次第に、こんな考えを抱くようになる。

「もしかしたら、日本で留学を再現できるかもしれない」

第1章は**「お金がないならアイデアだ」**をスローガンに僕がおこなってきた、日本でいますぐにできる新しい英語学習の考え方について書いていく。

「英語が話せる」の定義を決める

英語にお金は必要か？

既存の英語学習には、総じて高額な費用がかかる。

「まずはお金を貯めなければ」とバイトを増やしたり、節約に励む人がいるかもしれない。昔の僕もそうだった。

しかし、英語を話したい人が最初にやる努力は、本当に「お金を貯めること」なのだろうか？

たぶん、違うと思う。

そこで、改めてこんなことを考えてみる。

「自分はなぜ英語を話せるようになりたいのだろう？」

「自分はどんな分野における、どのくらいの英語力が必要なのだろう？」

自分と英語の関係性をこれまでにないほど深掘りした結果、こんな問いにぶつかった。

そもそも、英語が話せるってなんだろう？

何をクリアしていたら「英語が話せる人」と言えるのだろうか？

ペラペラって言うけど、どこからがペラペラなのか？

根本的な部分がまったくわかっていないまま、「とりあえずお金を貯めて留学する」ことを目指していた自分に気がついた。


わかった。

僕たちがまずやるべきことは、どんな条件を満たせば「英語が話せる」と言えるのかを考えること。

つまり、**「英語が話せる」の定義を自分で決める**ということだ。

来日ツアーのショック

２０１３年8月12日、僕の「英語が話せる」の定義が決まった。

この日に起きた出来事をまとめてみる。

Duck. Little Brother, Duck!という高校生の頃から憧れていたアメリカのバンドがいる。ＣＤやレコードを全て持っている程好きなバンドだ。幸運にも、東京で行われた彼らの初来日ライブで、僕のバンドPENs+は共演を果たした。

終演後に彼らと話すチャンスがあった。とても緊張するが、何か伝えたい。

「実は高校生の頃からずっと聴いてたんです！」

こんなことを言おうと思った。

しかし実際は悲惨だった。“I listened to your music…”まで言ったところで、（あれ“listened”だと、ただの過去形だから「聴いた」になっちゃう）と気づく。憧れのミュージシャンを前に「ずっと聴いてきた」という、こんなに簡単な表現すらわからない自分にショックを受け、何も言えなくなってしまった。

あとで調べてみると、僕が彼に言いたかった英語の正解は、というらしい。文章自体はそこまで難しくない。ゆっくり冷静に考えれば、当時の自分でも作れなくはない英文だった。それでも、自分の口から瞬時に出すことができなかった。

逆に言うと、もし僕が「英語が話せる人」であれば、この英文が「瞬時に出てくる」はずだった、ということだ。

I've been listening to your music since I was in high school!

高校生の頃から、あなたの音楽をずっと聴いています!

会話は「フレーズ」の連続

とはいえ、この英文を「丸暗記」していればよかったのかというと、そういう訳でもない。僕たちは日本語を話すが、暗記した文章をそのまま口から出している感覚はない。それに、ただ暗記した文章はいつか忘れてしまう。学生のときあれだけ頑張って音読した教科書の例文を、いまではまったく言えなくなっているように。

では「単語」を覚えていれば文章を話せるようになるのか？

それも違う。「I」や「listen」「high school」だけでは、文章は成り立たない。

ここで僕は次の仮説を立てた。

英語が話せる人とは、いくつかの「単語」のかたまり、つまり**「フレーズ」**を数多く知っていて、それを**「瞬時に組み立てる能力」**を持っているのではないか？

よく考えてみれば、会話とは「フレーズの連続」である。

「英語が話せる」と聞くと、10分でも20分でも、ネイティブスピーカーを相手にペラペラと英語が出てくる人のイメージが浮かぶ。しかし、誰も「文章を全て暗記している」わけではない。その瞬間に最適な「オリジナル英語フレーズ」が即座に出てきて、それを無意識レベルで組み立てることで「言葉」として成立させているのだ。

「英語が話せる」の定義

こうして、僕のなかの「英語が話せる」の定義が明確になった。

英語が話せるとは、

「いま言いたいオリジナル英語フレーズが瞬時に出てくること」だ。

これで間違いない。

「英語が話せる人になる」では曖昧すぎる。

「いま言いたいオリジナル英語フレーズが瞬時に出てくる人」になるための努力をするのだ。

アメリカのバンドDuck. Little Brother, Duck!ボーカルのJonと（2013年）

「英語日記」という
アイデア

20歳アメリカ旅

2014年夏。20歳の誕生日、僕はアメリカにいた。

前年のアメリカバンドの来日ツアーから1年が経ち、次は自分がアメリカに行くことを決意したのだ。

ロサンゼルス郊外で、昔から好きだったアメリカのバンドのライブがあった。しかしその会場は、宿から電車とバスを乗り継ぎ3時間以上かかる僻地にあった。終演予定時間には終電もなく、「行ってしまったら帰れない」ことが確定していた。

それでも僕は行った。

いま考えると浅はかだったが、野宿をすればいいと思った。

Josephとの出会い

初めてアメリカで観た大好きなバンドのライブは格別だった。しかし、終演後からが本番だった。

外に出て野宿できそうな草陰を探していると、その挙動が不審だったのか、同じくライブを見に来ていたひとりのアメリカ人が「どうしたの？」と話しかけてくれた。Joseph（ジョセフ）という25歳の青年だった。

拙い英語で事情を説明すると、「危ないから野宿は絶対にだめ！」と言い、車で僕を宿まで送ることを提案してくれた。

深夜、というかほとんど明け方に僕の宿に着き、彼はいまから、再び数時間かけて家に帰ると言う。

申し訳なさ、感謝、色々あるが、自分の英語力不足のせいで、“I'm sorry, Thank you.”くらいしか出てこない。

すると彼は、こう言ってくれた。

"I'm always here for you."（いつでも味方だよ。）

あまりにかっこいいフレーズだったから「もう一度ゆっくり言って」とお願いし、毎日つけている日記帳の端にメモした。彼は恥ずかしそうだった。

Don't say sorry, we're friends.
I'm always here for you.

ごめんはいらないよ。僕たちは友達だから。
いつでも味方だよ。

「英語日記」のはじまり

宿に戻り「感謝　英語表現」とネットで検索したら次のフレーズが出てきた。

I appreciate your kindness.

あなたの優しさに感謝します。

このフレーズを、彼にメールで送った。

そして、日記にメモした「彼の言葉（I’m always here for you.）」の横に、いま送った「感謝のフレーズ（I appreciate your kindness.）」も書き留めておいた。

次にこのような素敵な出会いがあったとき、すぐに感謝を伝えられるように。僕はもう「言えなくて悲しい」と後悔したくなかった。

そのとき、あることに気づく。
そうか、僕は**「いつか自分が言うであろう英語フレーズ」を、先回りして知っていなければならないんだ。**
そして再び考える。

「この先どんなことを英語で話すんだろう？」

未来の生活を完全に予測することはできないが、今回のジョセフとの出会いでもわかったように、最低限「今日起きた出来事」や「今日抱いた感情」のなかで、特に「言えるようになりたいと思ったフレーズ」をいまのうちに練習しておけば、いつか再び海外に行ったとき、必ず使うチャンスがくるはずだ。

「今日起きた出来事」と「今日抱いた感情」か…
ん？　それってつまり**「日記」**じゃないか？

日本語の日記に書いてしまうような内容が全て英語で言えるようになれば、僕にとっての「英語が話せる」をクリアできる。

また、日記に出てくる言葉には必ず「ドラマ」があった。

来日バンドに伝えられなかった「高校生の頃から聴いてきたんです」というフレーズ。ジョセフに伝えられなかった「感謝を伝える」フレーズ。

どれも、教科書例文とは比べ物にならないくらいの思い入れがある。実際に日常で出会った「ドラマのあるフレーズ」を、僕たちは忘れないのだ。

決めた。

僕は「日記」で英語を勉強する。

これが「英語日記」のはじまりだった。

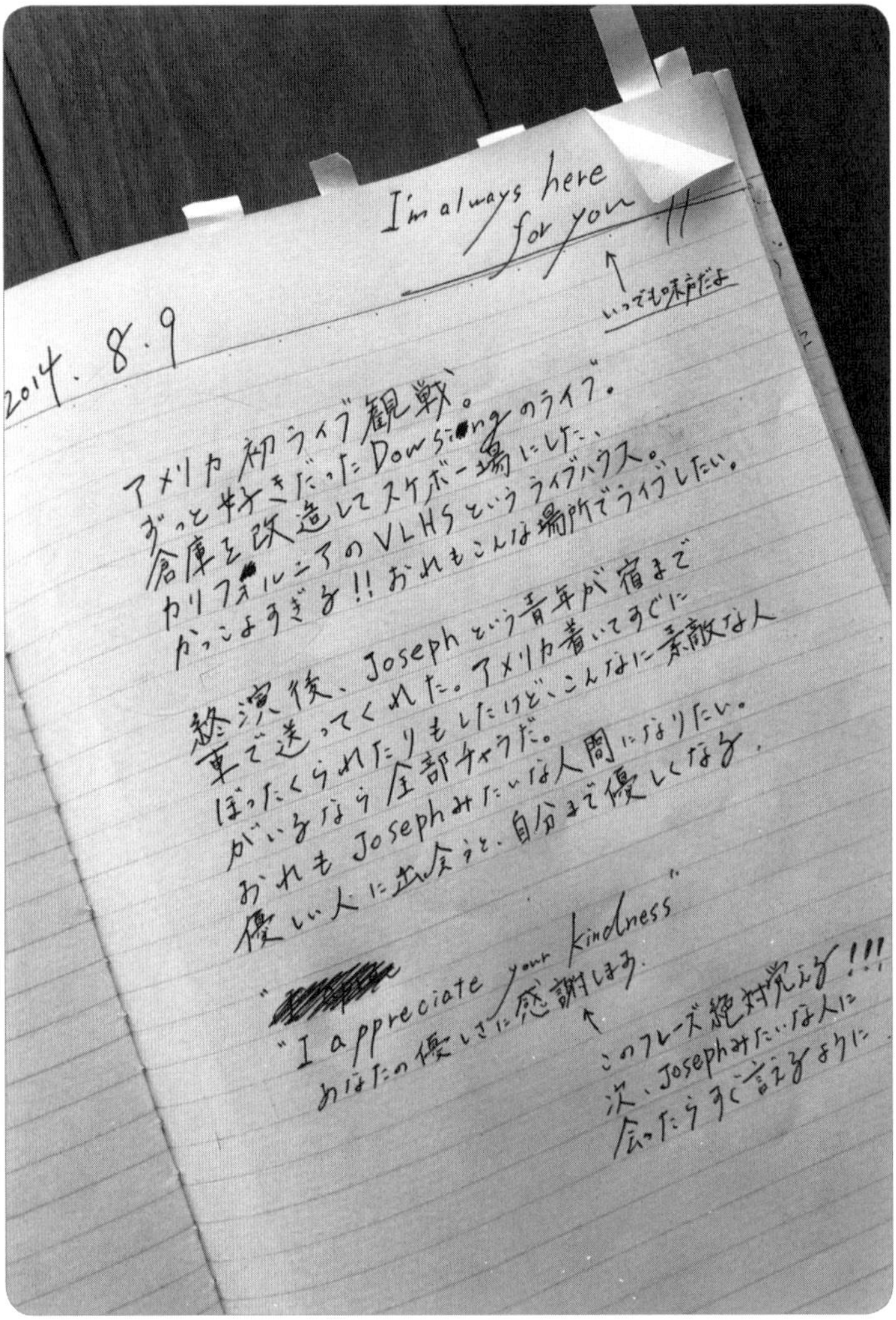

ジョセフに出会った日の日記（2014年）

「オンライン英会話」をはじめる

カナダツアーの幕開け

翌年の２０１５年6月、カナダでライブをすることが決まった。
カナダ人のイベンターがYouTubeでたまたま僕のバンドPENs+を見つけ、大変気に入ってくれ、費用全額持ちでカナダツアーに誘ってくれたのだ。
ついに海外でライブができる。とても嬉しかった。しかし、同時にひどく焦った。僕はまだ「英語が話せる」ようになっていなかったのだ。

昨年の渡米以来「英語で日記を書いてみる習慣」をつけた。１年ほど続け、英語表現を「知る」ことはできはじめていたのだが、「話せる」レベルまでもっていく方法がわからずにいた。

とはいえ、いままでは「個人で楽しむ」程度だったから、話せなくても困ることはなかった。しかし今回は訳が違う。カナダでライブをするのだ。いくら日本人とはいえ、「サンキュー！　アイムハッピー」のような英語では終わらせられない。ライブとは、お金を払って来てくれたお客さんをＭＣ（曲間のトーク）を含めて骨の髄まで楽しませるエンターテインメントであるべきだ。

せめて「日本から来たPENs+というバンドです。この日が来るのを、心待ちにしていました。海外でライブをするのは長年の夢で…」といったMCは、しっかりと英語で伝えたいと思った。

また、当時、僕は独学で「デザイン」の勉強をはじめ、バンドグッズを自分で作るようになった。決してプロレベルではないが、そこそこ評判はよく、将来は「バンドとデザイン」で生計がたてられればいいな、なんて夢をみたりしていた。そんな事情も汲み取ってくれたカナダツアーの主催者が「このイベントのポスターもデザインしてみる？」と僕に提案してくれたのだ。

つまり、このカナダツアーは「音楽」「海外」「デザイン」という、自分の抱く全ての夢が同時に叶うイベントということになる。とんでもないことになった。正式な誘いを受けたのが3月。ライブは6月。本番まで、３ヶ月しかない。

「先生」が必要

僕は、これまでとは明らかに異なる危機感を抱いていた。

しかし、ここまで目的が明確だと準備はしやすかった。「全ての英語がペラペラに」ならないといけないわけではない。**最低限「ライブ中のＭＣ」を完璧におこなう**ことができればいいのだ。

そこで、まずは「自分がＭＣで何を言いたいか」を改めて日本語で書き出し、インターネットの翻訳機能で英訳した。これをそのまま言えるように練習しようと思ったのだが、このままだと、「ネイティブが聞くと不自然な英語」の可能性がある。

また、練習をするにしても、実際に僕のスピーチを聞いてくれ「発音」や「アクセント」「話し方」などをチェックしてくれる**「先生」の存在が必要**だった。

オンライン英会話との出会い

まずは「マンツーマンの英会話スクール」を探した。なぜなら、「クラス単位の授業」でひとりだけ「ＭＣの英語を練習したいです」なんて言っても、聞いてもらえるわけがない。しかし、マンツーマン英会話スクールの相場は一番安くて「月４回２万円〜」という感じだった。学生の自分にはかなり高額だし、月数回の頻度では、あと３ヶ月で自分が理想とするレベルまで持っていくことは不可能だと感じた。

焦った。でも、何かあるはずだ。何か、自分の要望を全て一発で解決してくれるような方法が。めげずに「英会話　方法」などのキーワードで調べていると**「オンライン英会話」**というものを見つけた。ホームページにはこう書いてあった。

- **月２９８０円〜（２０１５年当時）**
- **毎日25分のマンツーマン授業**
- **スカイプを使い、家で授業が受けられる**
- **講師はフィリピン人**

なんだこれは。安すぎるし、講師はフィリピン人？　どういうことだろう。しかし、お金も時間もない自分にはもうこれしかない。藁をも掴むおもいで体験レッスンを受けた。

驚愕した。完璧だった。

まず、フィリピン人講師の英語力の高さに驚いた。

フィリピンでは英語が第二公用語になっている。過去にアメリカの植民地だった背景もあり、人口約1億人のうち90%以上が英語を話すと言われている。日本人の自分にとって、彼らの英語力は「ほぼネイティブ」だった。そして、授業はスカイプのテレビ電話を使った完全マンツーマン。毎日25分間、自分のリクエストした内容で好きに授業ができる。

そんな良質な授業を、安く提供しているのが「オンライン英会話」だった。

いまでこそ、僕は断言できる。

この時代に英語が話せるようになりたい日本人は全員、「オンライン英会話」をはじめるべきだ。こんなに安価で、効率よく、効果的にスピーキングを練習できる方法は現時点では他にない。

しかし、当時「オンライン英会話」は世間でまったくといっていいほど浸透していなかった。アメリカ留学予定の友達に話したら「フィリピン人？」と笑われたこともあったが、もう自分にはこれしかなかった。

英語の勉強とは、限りなく「自分自身のおこない」

マンツーマン授業では、「自分は３ヶ月後にカナダでライブをするから、ＭＣの英語を一緒に考えてほしい」と伝えた。そんな生徒は初めてだったようで、先生もはりきってＭＣを考えてくれた。ネットの翻訳機能を使って訳した英語はやはり不自然な部分が多く、ほとんど全文を直された。

次の日の授業では、「自分は３ヶ月後にカナダでライブをするのだけど、そこでする予定のＭＣをいまから言うから聞いて欲しい。発音やアクセントで変なところがあれば指摘してほしい」と伝えた。これまたほぼ全ての発音を直された。

こんな授業を、３ヶ月間、ほぼ毎日繰り返した。

かなり大変だったが、**「自分はいま、本当に英語が話せるようになる過程にいるのだ」**という感覚を、生まれて初めて味わった。これは、参考書や大学の授業のような「受動的な勉強」ではまったく感じられない感覚だった。

「自分に合った英語」を探す

「自分に合った英語」がある

３ヶ月も毎日同じことを言っていると、英語だろうがなんだろうが、相当上手くなるらしい。僕は「ＭＣの英語」に関してはほとんど完璧に言えるようになった。

ここで気づいたのは、僕たちには**「自分に合った英語」**があるということだ。

「自分に合った英語」とは何か？

「英語が話せる」というと、どんな難解なシーンにも対応できる英語力があるように聞こえるかもしれない。しかし、例えばアメリカ人の小学生は、まだ話すことのできない分野がたくさんあるものの、確実に「英語が話せる人」ではある。つまり「自分が必要な分野」の英語をある程度不自由なく話せるレベルになっていれば、ひとまずは「英語が話せる」と言っていいのだ。

このときの僕の場合、「ライブ中のＭＣの英語」さえ完璧に話せれば、その場における「英語が話せる人」にはなれる。お客さんは僕に、「政治の英語」も、「環境問題の英語」も求めていない。ただ、バンドのボーカルとしての役割を英語で遂行してほしいだけなのだ。

英語は「ツール」として使うもの

カナダツアーは、ひとことで言うと「大成功」だった。ツアーは全10日間で、ライブはトロント2会場、モントリオール、バンクーバーでそれぞれ1会場の計4公演。ライブはほぼソールドアウトで、持っていったCDとグッズは全て売り切れた。

MCについては、練習の甲斐もあり、かなりうまく言えた。緊張でミスをした部分もあったが、伝えたいことは観客に伝わったようだった。

何より強く感じたのは、ネイティブスピーカーは、僕の英語に対して、「文法的に完璧であること」を求めていないということだった。

たしかにそうだ。例えば僕らが街で、外国人に「日本語で」道を聞かれたとき、「彼らの文法の正確性」よりは、「彼らが何を伝えたいのか（どこに行きたいのか）」を注意深く聞こうとするはずだ。

最後のセリフ“Tonight, one of my dreams came true!”（今夜、夢が叶いました！）を言い終えたとき、自分の声が聞こえなくなるくらい会場が沸いた。５組中２バンド目の演奏にも関わらず、アンコールをもらうほど盛り上がった。

完璧な英語でなくとも、そこに「想い」があれば人を感動させることができる。

英語は、「完璧に話すこと」ではなく、**想いを伝えるツールとして「使う」**ことに意味があることを知った。

カナダツアー。トロント会場（2015）

日本で「留学」する

大事なのは、「お金」ではなく「環境」

カナダから帰国し、あることに気がついた。

それは、僕たちは、**日本で「留学を作ることができる」という事実**だ。

どういうことか？


大学に入りたての頃「海外留学」がしたくて仕方がなかった。もっと言うと「海外留学しなければ英語が話せるようにならない」と思い込んでいた。だからこそ、金銭的に留学ができない自分の家庭環境がもどかしかった。


しかし、ここで常識を疑うのだ。

日本語に置き換えて考えてみる。

たしかにうちは裕福ではなかったが、僕は「日本語」が話せる。日本に生まれたから当たり前？　そうかもしれない。日本語を話す「環境」が整っていたから。


そう、言語習得において大事なのは**「お金」ではなく「環境」**なのだ。

たしかに、海外へ留学してしまえば否が応でもその「環境」を手に入れることができるかもしれない。しかし、同じ語学学校に通う日本人とばかり遊んでしまえば、それは「海外で『日本と同じ環境』を作ってしまっている」ことになる。

ここであることを思いつく。

それならば、逆に

日本に「海外と同じ環境」を作ることも可能ではないか?

海外留学のメリット

実際、10日間とはいえカナダツアーを体験した僕は、英語が話せるようになる過程において、「高額なお金を払って行く海外留学」が絶対条件ではないことに気がつく。

「語学習得」における「海外留学独自のメリット」をあえてあげるなら、

- **英語を話せる相手が目の前にいる環境**
- **生活で自然と聞こえてくる言語が英語という環境**

このふたつが考えられる。

それならば、このふたつの「環境」を日本で再現し、勝手に「留学（のようなもの）」をしてしまおうと考えた。

「英語タイム制度」の導入

日本で留学するために僕がまずやったことは、**英語タイム制度**の導入だ。

英語タイム制度とは「毎日最低3時間、使う言語を全て英語にする」というもので、具体的には、次のふたつをやった。

①オンライン英会話

カナダツアーの準備としてはじめたオンライン英会話だったが、圧倒的な実用性に惹かれ、帰国後も続けることを決めた。

オンライン英会話では、毎日25分間、外国人講師を「ひとり占め」にして英語を話すことができる。海外の語学学校へ通い「先生ひとり対生徒十数人」といった一般的な形式の授業を受けるよりむしろ「個人が英語を話している時間」で考えれば長く効率的ではないかと考える。

②英語ひとりごと

とはいえ授業だけでは足りない。そもそも、日本人は「英語を口から出す機会」があまりにも少ないのだ。そこで、文法の正確性はあまり気にせず「自分の口から英語が出ていることが普通」という状態にすることを目的とした練習を考えた。それが、英語ひとりごとだ。これはなかなか大変だったが、かなり効果があった。（ひとりごとの詳しいやり方は第2章で説明する。）

学校やバイト中にはできないので、主に**「ひとりで部屋にいる時間」に使う言語を全て英語にした。**これで、1日のうち計3時間くらいは「英語を話している」ことになった。

自分の部屋を「ミニ海外」にする

「英語タイム制度」の導入で日本での留学を叶えつつあった僕は、さらなる補強としてあるアイデアを考えた。

それは、**自分の部屋を「ミニ海外」にする**というものだ。

自分の部屋にいるとき、話す言語を英語にするだけでなく、「見るもの」「聞くもの」も全て英語にしてしまうのだ。

具体的には、次の４つを取り入れた。

①英語ニュース

ついスマートフォン（以下スマホ）を見すぎてしまう癖のあった僕はこの習慣を逆手に取り**「スマホの英語化」**をしようと考えた。

まず、**スマホの言語設定を「英語」に変える。**これだけでもかなり効果はあるが、さらに**「英語ニュースアプリ」**をダウンロードし、日常的に読むようにした。

オススメは「スマートニュース」というアプリだ。BBCやCNNなど、世界のニュースサイトの注目記事をピックアップしているためバランスがよく、ジャンル分けもされていて見やすい。（日本でダウンロードすると日本語版が表示されるが、設定で「International」を選ぶと英語ニュースが表示されるようになる。）

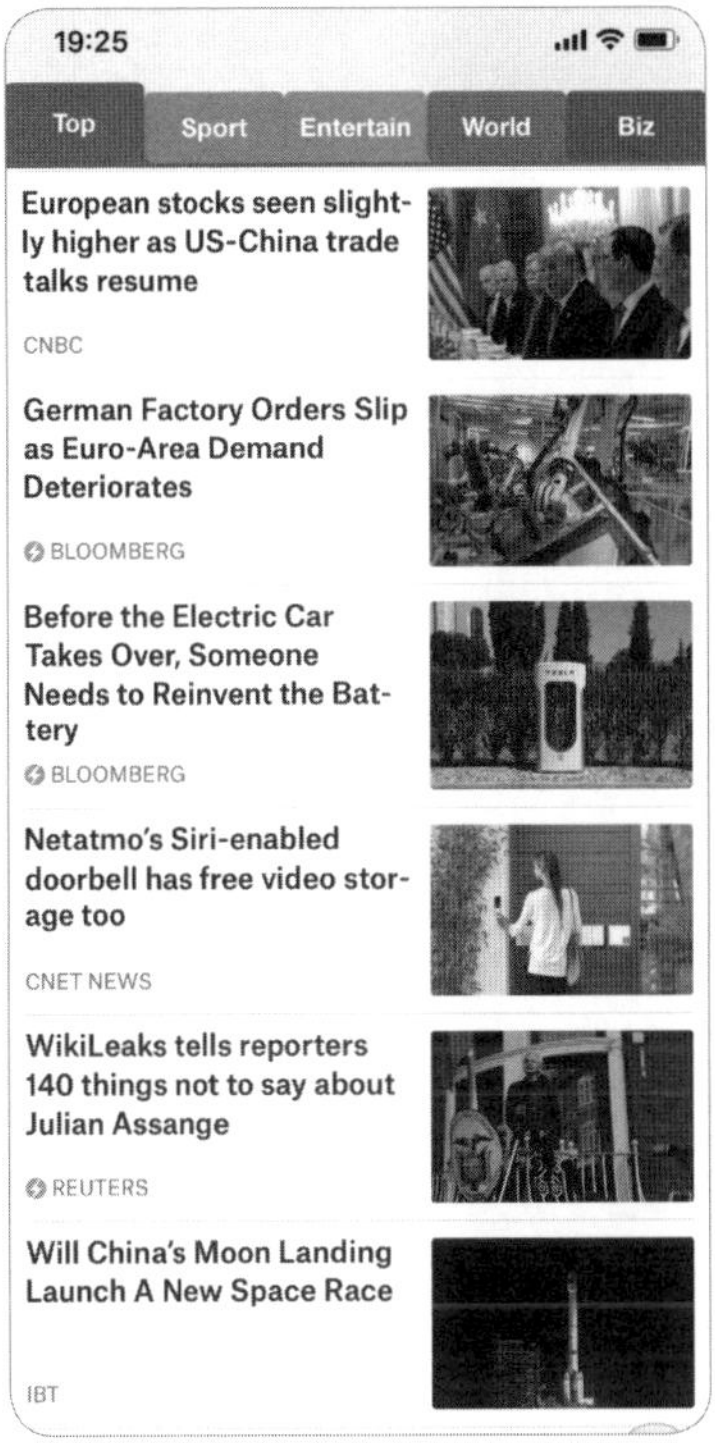

SmartNews〈https://about.smartnews.com/ja/〉アプリより

②英語Twitter

数あるアプリのなかでもついつい長時間見てしまうのがTwitterだ。ときに見すぎて罪悪感を抱くこともあるが、Twitterを英語を読む環境にしてしまえば、むしろ見れば見るほど英語力が伸びる最高のツールになるのではないだろうか。

そこで僕は、Twitterの「リスト機能」を使い「英語話者のアカウントだけを入れたリスト」を作った。海外の好きなミュージシャンや俳優、ニュースや雑誌のアカウントをフォローし、英語タイムの間はこのリストだけを見るようにした。

③英語ラジオ

「ミニ海外」の雰囲気作りに一番役立ったのが「英語ラジオ」だ。

このラジオは「リスニング練習」ではない。

いつかの海外生活を見越した**「英語が耳に入ってくる状況」に慣れるためのアイテム**として使うのだ。

英語のラジオを部屋に常時流しておくことで、「ここは海外だ、自分はいま留学している」と錯覚させ、モチベーションを上げる。

不思議なことに、耳から聞こえてくる言語が全て英語になると、自分の口からも英語が出てきやすい。これが「環境」を作るということなのだと思う。とにかく「ここは海外だ」と本気で思い込む。是非みなさんにもやってほしい。

オススメは、ニューヨーク公共放送局のインターネットラジオである「WNYC」のウェブサイト。リアルタイムで流れているラジオをそのまま流しっぱなしにできる。

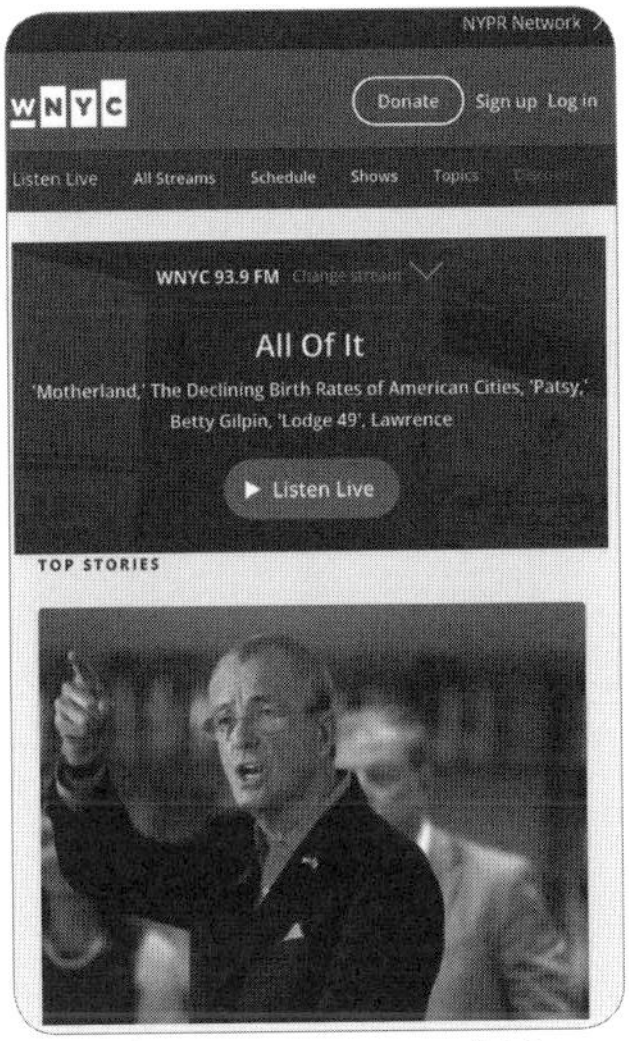

WNYC〈https://www.wnyc.org/〉より

④英語版漫画

最後は「英語版漫画」だ。「英語タイム」にどうしても漫画が読みたくなってしまった僕は「漫画も英語で読めばいいのだ」と考えた。

いま、有名な漫画であれば、英語版が一通りAmazonで購入できる。Kindleもある。ちなみに僕は『Death Note』を買った。

「英語版漫画」のオススメは、既にある程度ストーリーを知っている漫画を選ぶこと。なぜなら、ストーリーを知っていると**「英語セリフと日本語セリフの照らし合わせができる」**ため、「あのセリフ、英語ではこんな風に言うのか！」と、読むたびに発見があり、英語表現の勉強になる。

「英語タイム」中にニュースや英語Twitterを見るのは非常に勉強になり、充実の時間ではあるが、どうしても「娯楽」的な要素が欲しくなるときがある。そんなときに「英語版漫画」は「娯楽」「勉強」どちらの要素も満たしてくれるので、僕の英語学習の「最高のスパイス」になった。

「LINE」デジタル単語帳

既存の単語帳はいらない

英語漬けの生活を数ヶ月続け、僕はある考えに確信を持つようになる。

それは、**「既存の単語帳はいらない」**ということだ。

僕は大学受験の際に既存の単語帳を使い、難しい英単語を熱心に覚えた。

たしかに試験で点数を取るためには役に立ったが、実際に生活で使う単語は「想像以上にシンプル」だったのだ。

シンプルな単語を使いまわす力

カナダツアーの際、トロントのある駅で、駅員さんに「○○に行きたいのですが、どこで降りればいいですか？」と聞く場面があった。

みなさんは、「降りる」を英語で、瞬時に言えるだろうか？

当時の僕は、決して難しくはないはずの「降りる」という単語が出てこなかった。

言葉に詰まっていると、駅員さんは僕が言いたいことを察してくれて、こう言った。

Oh, you can get off at the next station.

ああ、次の駅で降りればいいんだよ。

そうか、“get off”という、こんなに簡単な2単語で、「降りる」を表現できるのか。

これを機に、「乗り物に乗るときの英語表現」についてインターネットで調べてみた。

「乗る」と言うと“ride”が思い浮かぶが「乗ろうとする動作」には“get on”を使う。

では“ride”は何を表すのかというと「乗っている状態」を意味する。
また、“catch up with”で「間に合う」を表すことができる。

get on＝乗る

例

I got on the bus at 8pm.

8時にバスに乗りました。

ride＝乗っている状態

例

When I was riding the train,
I met him.

電車に乗っていたとき、彼に会った。

catch up with＝間に合う

例

I ran to catch up with the train.

電車に間に合うように走った。

これらの表現を知った僕は、大学受験用の単語帳で覚えるような難しい単語は、実際の生活ではほとんど出てこないことに気がついた。もちろん知っているに越したことはないのだが、それらは後々レベルが上ってきたら、その都度覚えていけばいい。優先順位として、僕たちにはもっと先にやるべきことがある。

それは、**「シンプルな単語を使いまわす力」の向上**だ。

この能力があれば、難しい単語はひとまずは必要ない。僕たちが既に知っている最低限の単語で、かなりのことが表現できてしまう。

LINEをデジタル単語帳にする

そこで僕は、シンプルな組み合わせで伝わる「日常英会話フレーズ集」を作ることを決めた。

それが**「LINEデジタル単語帳」**だ。

当初は“get off”の例で述べたように、インターネットで調べた「シンプルな組み合わせで伝わる日常英会話表現」をノートにメモしていた。しかしある程度溜まってくると、管理がしづらい、検索ができない、見にくいなど、様々な問題が発生した。
なにか単語帳を自作できるアプリなどはないか…と探していると、僕は身近なところに最高のツールを発見した。

それは、**「LINE」**だ。

実はLINEでは「自分ひとりだけのトークグループ」を作ることができ、これを「自分専用のメモ」のように使うことができる。この機能を使うと、

- 検索ができる
- 制限なく書き込める
- LINEは毎日使うので、復習が生活の一部になる

と、メリットだらけなのだ。
いまから、「LINE」を使った「デジタル単語帳」の作り方を説明する。

《手順1》LINEにふたつの自分専用グループを作る

まずは、**「自分ひとりだけのトークグループ」をふたつ作る。**ひとつはまとめ用、もうひとつはメモ用で、僕はそれぞれ**「Phrase Stock」「フレーズの種」**と名前をつけた。

LINEグループ作成画面

《手順2》「コレ英語でなんて言うんだろう」をメモする

日常生活のなかで、「コレ英語でなんて言うんだろう」と言うフレーズに出くわしたら、「フレーズの種」にひとまずメモする。

例えば、先ほど例に出した「どの駅で降りればいいか」を駅員さんに訪ねる場面で、僕は「降りる」が言えなかった。そこで、フレーズの種に「電車を降りる」と書き込む。このとき「トロントの○○駅で言えなかった言葉」のような具体的なメモを添えるのもいい。先にも述べたが、僕たちは**「ドラマ」のあるフレーズほど覚えられる。**

また、この習慣は日本にいてもできる。日常で起こる出来事を全て「これ、英語ではなんて言うのだろう?」と考える癖をつければいいのだ。

例えばトイレットペーパーがなくなったとき「トイレットペーパーがなくなるって英語でなんて言うんだろう?」と考える。分からなければ「フレーズの種」にメモする。

《手順3》インターネットで調べまくる

次は、「フレーズの種」に溜まったメモを見ながら、わからない表現をインターネットで調べていく。このとき参考にするのは、なるべく「ネイティブスピーカーなどの監修が入った信頼できるサイト」を使うのがいい。
僕がよく使うのは、

・DMMなんてuKnow？（https://eikaiwa.dmm.com/uknow/）
・Hapa 英会話（https://hapaeikaiwa.com/）
・英語 with Luke（https://www.eigowithluke.com/）
・ネイティブと英語について話したこと（https://talking-english.net/）

などである。これらのサイトでは、なぜこの単語を使い、なぜ他の単語がダメなのか、ネイティブ視点の意見が書いてあり、非常にためになる。

また、調べた単語は「英英辞書」でも意味を確認する。

例えば、「電車を降りる　英語」と検索し“get off”が出てきたのならば、次は“get off”を英英辞書で調べる。すると、“get off=To leave a place”と出てくる。

つまり、"get off"には**「何かから離れる」**という意味があるのだ。

そのため"get off work"と言えば「仕事が終わる」という意味にもなる。

こうして英語を「英語で」理解すれば、既存の単語帳のような「一単語につき一つの和訳」ではカバーしきれない部分まで、手が届くようになる。

ここまでやると、自分が**「その英語表現についてかなり詳しい人」**になっていることに気がつくだろう。


ちなみに、分厚い紙の辞書を持ち歩く必要はない。インターネットの英英辞書で十分。僕のオススメは**「Oxford Learner's Dictionaries」**だ。色々と試してみたが、他のどの辞書よりもシンプルな単語で説明されていて、非常にわかりやすいと感じた。これをブラウザのお気に入りにいれておき、すぐに調べられるようにしよう。

《手順4》オリジナル例文を作る

「降りる＝get off」と理解できたら、次は例文を作る。サイトの例文をそのまま覚えるのではなく、「実際に自分が言いたかった文章」に置き換えてから覚えるのがいい。

今回の場合、僕は「〇〇に行きたいのですが、どこで降りればいいですか？」と言いたかったのだから、“I want to go to ○○, do you know where I should get off?”という例文を作る。

《手順5》絵文字付きでまとめる

最後に「Phrase Stock」へ投稿するのだが、次のようにまとめることをオススメする。

(1)絵文字をつける

絵文字をつけ、視覚的にも覚えやすくすることで定着率を上げる。必ずしも単語とリンクする絵文字でなくても、自分がその単語に出会ったときのドラマがわかる絵文字であれば構わない。

(2)オリジナル例文

次に、実際に言いたかった「オリジナル例文」を書き込む。自分で作った例文が文法的に正しいか不安であれば、「オンライン英会話」で添削してもらおう。

(3)「場面」や「知識」のメモを書く

この単語にドラマを加えるため、「こんな場面で言えなかった」というメモを残しておくのもオススメだ。そうすると、次に似たような場面に出くわしたとき、瞬時にこのフレーズが出てくるようになる。

また、英英辞書で調べた「知識」もここにメモする。「自分なりに調べあげた形跡」がその人にとってのドラマになり、記憶に残るのだ。

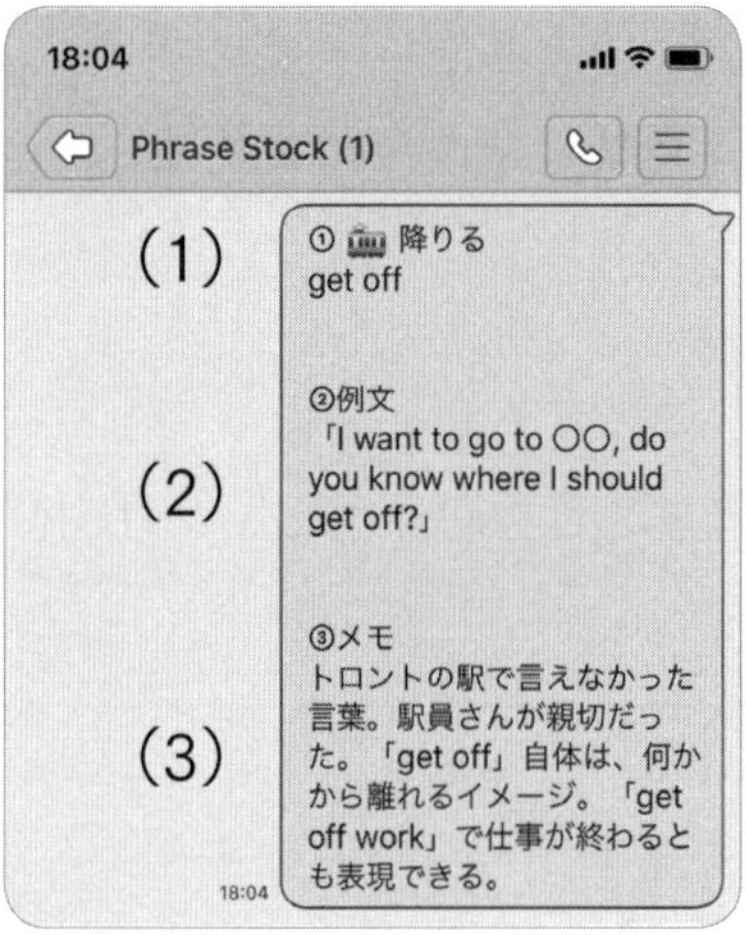

LINEトークルーム画面

絶対に使いこなせる一文を積み重ねる

以上が「LINEデジタル単語帳」の作り方だ。

ちなみに、LINEにまとめれば、検索機能を使って以前書き込んだ単語を一瞬で調べることもできる。

たったひとつの英単語に対してかなり丁寧に調べあげるこの方法は「今日は１００単語覚える」といった従来の方法とは真逆であり、こんなペースで間に合うのか、と心配になる方がいるかもしれない。

しかし、勢いで覚えたその１００単語を、日常生活で実際に使いこなしていくイメージは湧くだろうか？「今日は〇〇個終わらせること」が目的になっていないだろうか？

急がば回れなのだ。「なんとなく１００個知っている状態」よりも「絶対に使いこなせるひとつを積み重ねる」ことを目指そう。

「Siri」発音矯正

英語発音は「くしゃみ」と同じ

ミニ海外と化した部屋で「英語ひとりごと」を繰り返す毎日のなか、僕は「発音」に関して、ある壁にぶち当たっていた。

それは、**「GirlとWorldが言えない」**ということだ。この2単語に関しては、どれだけ練習してもうまく発音できなかった。

そもそも、なぜ日本人は英語発音が上手くないのか？

それは、僕たちが**「カタカナで単語を理解」→「それを英語っぽく発音してみる」**という流れで英語を話してしまっているからだ。

例えば、“Girl”と“World”を発音するとき、僕たちはまず、頭に「ガール」と「ワールド」というカタカナを思い浮かべる。そして、それをなんとか「英語風」に言おうとする。

しかし、「ガール」と「ワールド」が出発地点になっている時点で、僕たちは正しい発音をすることができない。

なぜなら、**「どれだけカタカナを組み合わせても出ない音」**が、ネイティブの英語発音だからだ。

例えるなら**「くしゃみ」と同じだ。**くしゃみは「ハックション」などとカタカナ表記されることがあるが、実際には「ックシャン！！」のような、カタカナでは表しようのない破裂音が口から出ているだけだ。「ハックション」をどう工夫しようが、本物のくしゃみ音にはならない。

英語もこれと同じなのだ。

僕たちは、カタカナの概念を完全に忘れ、くしゃみでいうところの破裂音（これがネイティブの英語発音）を再現できるようにしなければならない。

「Siri」発音矯正

そこで僕は、英語設定に変えた「Siri」を使った、発音矯正メソッドを思いついた。

以下、詳しく説明していく。

①ボイスメモで自分の声を録音する

カタカナの概念を忘れなければならないのはわかったが、自分で話していると、「どこがネイティブと違うのか」が、客観的に理解できなかった。

そこで、まずは自分の“Girl”と“World”の発音を、スマホのボイスメモで録音するところからはじめた。

それを聞いた後に、Google翻訳などに発音させた“Girl”と“World”を流してみる。

すると、「同じ単語とは思えない」ほど、まったく違う音が聞こえてきた。

自分の英語は、ここまでネイティブとかけ離れていたのか…と、少々落胆するかもしれないが、改善点がわかり上達が早まるので是非一度やってみてほしい。

②YouTubeの解説動画を見る

次に、**「YouTubeの発音解説動画」**を参考にする。

なぜYouTubeがいいかというと「舌はこう動かすのがいい」「○○のイメージで!」といった具体的なヒントが、視覚的にわかるからだ。

僕がよく見るのは、この2つのチャンネル。

・バイリンガール英会話｜Bilingirl Chika
・Rachel's English

どちらのチャンネルにも、“Girl”と“World”の発音解説動画があり、非常に参考になる。

③英語設定の「Siri」に話しかける

練習の仕上げには、iPhoneの音声認識ツール「Siri」を使う。（アンドロイドの人は、Googleのサービス「OK Google」を使ってみてほしい。）

なぜ「Siri」か？

YouTubeの解説動画を参考にすることで「コツ」がわかると、ひとりで苦戦していたときよりも、確実に手応えを感じるようになってくる。とはいえ、「実際にそれが正しい発音に直ったかどうか」は、先生のような存在に判断してもらわないとわからない。

僕には、自分が発音した単語に対し「いまのはいいよ！」「いまのだとこう聞こえちゃうよ！」と瞬時に判定してくれるようなツールが必要だった。

そこで考えた。

英語設定に変えた「Siri」が、先生代わりになるのではないか？

試しに「ヘイシリ！　ガール」と話しかけてみると、Siriには“Call”と表示された。次に「ヘイシリ！　ワールド」と話しかけると“Wall”と表示される。全然うまくいかないことにショックは受けたが、「発音チェックマシン」として、これはかなり使える。

再びYouTubeを見て「口の動かし方」などを確認し、もう一度「Siri」に話しかける。

「ヘイシリ！　ガール」

すると画面には“Girl”の文字が現れた。これには感動した。

夢中になってもう一度言うと“Call”に戻ってしまった。

「たまたま言えるときがある」程度では、その発音ができるようになったとは言えない。

百発百中で反応してくれるまで1ヶ月ほどかかったが、僕は「Siri」で発音を矯正することに成功した。

Girl World筋を鍛える

完璧に言えるようになるまでの1ヶ月間、本当に毎日言い続けた結果、僕は予想以上に大きなリターンを得た。

それは、他の全ての英語発音も上手くなったということだ。誇張ではなく、特に集中して練習したわけではない他の英単語に関しても、発音の向上を感じるようになった。

「英語を上手く話すための筋肉」がついたのだ。

僕はこれを「Girl World 筋」と呼んだ。

特に〝r〟などは、日本語ではあり得ない舌の動かし方、息の使い方をするため、「英語発音用」の筋力が必要になる。

とはいえ誤解してほしくないのは、実際の発音の際に、口のどこかを力ませる感覚はない。むしろかなり力を抜いて、軽やかに話している。これは、筋トレをして筋肉をつけると、いままで重かった荷物が軽々と持ち上がるような感覚と同じだ。

発音ができるようになれば、リスニング力が上がる

また、**発音ができるようになれば、リスニング力は自然と上がる。**

リスニング練習と聞くと「音声教材を繰り返し聞く」「映画を見る」といったイメージがあるかもしれない。しかし、聞き取れない音を何度聞いても、それは「聞き取れないまま」ではないだろうか？

極端な例だが「アラビア語」に何も知識のないあなたが、今日から「アラビア語」を勉強するとしよう。

この状況で、「ではリスニング力を伸ばすためにアラビア語の映画を繰り返し見よう」となるだろうか？　おそらく１００回見ても、永遠に聞き取れるようにならないと思う。

なぜなら、**「単語の意味」と「その単語がどんな音で発音されるのか」を事前に知っていないと「聞き取る」段階に至らないからだ。**

つまり、リスニング（＝聞き取る力）を向上させたいのなら「自分がその単語の意味を理解し、発音することができる状態」を事前に作っておく必要がある。逆に言う

と、正しく発音ができれば、その単語は聞き取れるのだ。

発音練習は「エンタメ」

また、発音練習したほうがいい理由は他にもある。それは、発音がよくなると英語を話すのが楽しくなるというものだ。

英語の勉強は楽しいが、ずっと続けていると、次第にはじめの頃に感じていた新しいことを学ぶワクワク感を忘れ、伸び悩む時期が訪れる。しかし、そんなときこそ初心を思い出そう。

勉強をはじめる前、流暢に英語を話す人を見て「いいなあ。かっこいいなあ」と思ったことが、みなさんにも一度はあるのではないだろうか。

勉強に行き詰まりを感じた人こそ発音を練習し「憧れの英語が自分の口から出てくる状況」を純粋に楽しんでみよう。楽しいものは自然と継続できる。発音練習とは、英語学習における「エンタメ」だと思う。

以上が、僕の考える日本で「留学」をするアイデアだ。

たしかに簡単なことではない。しかし、お金がない現状に不満をぶつけるだけの人間には、もうなりたくなかった。だからこそ「こんなに英語を勉強して話せるようにならなければおかしい」と思えるほど勉強した。

そして自分を励ますため、紙にこう書き、部屋に貼った。

If you don’t have
money, come up
with an “idea”.

お金がないならアイデアだ。

「お金がない」は「英語が話せるようにならない」とイコールではない。

こんなときこそ、僕たちは、**「アイデア」**を使うんだ。

第2章

勉強篇

英語をどう勉強するか?

ここでもう一度「英語が話せる」の定義を思い出そう。

「英語が話せる」とは**「いま言いたいオリジナル英語フレーズが瞬時に出てくること」**だ。


「オリジナル英語フレーズ」を覚えることに関しては、着実にうまくいきはじめていた。

しかし、**「瞬時に出てくる」**点については、僕はまだ正しい努力ができていなかった。

そこで、**これまで書いてきた全てのアイデアを組み合わせた独自のメソッドである「英語日記」勉強法**を考えた。


日記というと「ライティング」や「リーディング」のイメージがあるかもしれないが、**僕の勉強法では特に「スピーキング」を伸ばす。**そして、先に述べたように「正しい発音」でスピーキングができれば、それは同時に「リスニングができる」ことを表す。

つまり、**「英語日記」を極限まで丁寧にやることで、「スピーキング」「リスニング」「リーディング」「ライティング」４つ全ての能力を伸ばすことができる。**

僕は本当に、この方法で英語が話せるようになった。

具体的に言うと、

「1年」で、「海外旅行程度であれば不自由なく楽しめる」レベルになり、

「2年」で、「ネイティブの友人と少し踏み込んだ議論ができる」レベルになり、

「3年」で、「まだミスはあるけれど、現地で不自由なく仕事ができる」レベルになった。


いまから、「英語日記」を使った日本でできる勉強法について全て書く。

この章は特に「勉強法」の話に振り切っているので、繰り返し読み、ぜひ、実践してみてほしい。


お金も時間もないただの大学生だった僕にできた。

みなさんもきっと大丈夫。

01

「自然な日本語」で日記を書く

自分はこの先、英語で何を言いたい？

「英語日記」勉強法で最初にやってほしいこと。

それは**「自然な日本語」**で**日記を書く**ということだ。

いきなり英語で書きはじめると、既に知っているボキャブラリーでしか文章を作れないため、一向に語彙が増えない。

I went to school.
I saw my friend.
I ate lunch with him.

私は学校に行った。私は友達に会った。私は彼とランチを食べた。

極端に言うとこうなりかねない。けれど、僕たちはこんな不自然な文章を話すために英語を勉強しているわけではない。

そもそも僕たちが「英語日記を書く理由」は**「自分がいつか使う英語フレーズ」を先回りしてに言えるようにするためだ。**

そこで、自分は「日頃どんなことをして」「日頃どんなことを考えているのか」を、日本語の日記を書くことで整理してみる。

例

前から約束していたユウコとのご飯が延期になっていたけど、今日、ついに会うことができた。やっぱりユウコは、全然変わっていなかったなあ。それにしても、親友との久々の再会って、最高!

このように書き出してみると、

「前から約束していた？」

「延期になる？」

「久々の再会？」

というように、英語でどう表現するかいまは見当もつかないかもしれないが「自分がいつか言えるようになったら確実に便利なフレーズ」が浮き彫りになる。これが大事なのだ。

「話し言葉」でもいい

また、ここでは「自分がいつか使う英語フレーズを知りたい」だけなので、「今日は○○をして…」といったオーソドックスな日記でなくていい。

例えば、アメリカ旅でジョセフに出会ったときの僕のように、今日1日を振り返って「感謝を伝えるフレーズが言えるようになりたい」と思ったなら、その日の日記には「ジョセフへの感謝の言葉」を、**「話し言葉」**でそのまま書けばいい。

例

今日は、会ったばかりの僕に、こんなに親切にしてくれて本当にありがとう。優しさ、しっかり伝わりました。本当に感謝しています。いつか恩返しがしたいから、次はぜひ日本に来てね。

こちらも書き出してみると、

「会ったばかり？」

「親切にしてくれて？」

「恩返しがしたい？」

　このように「あらかじめ言えるようにしておくべきだったフレーズ」がたくさん出てくる。その場で言えなかったことは悔しいかもしれないが「言いたかったのに言えなかった」フレーズは、もう一度使うチャンスが、いつか必ず訪れる。

　いまここで完璧に言えるようにしておき、再び必要になったときに、切り札のようにそのフレーズを使えばいいのだ。

02

「10秒以内に言い終わる一文」にする

特に言えるようになりたい「一文」をピックアップする

いよいよ英語にしていくのだが、その前にもうひとつ大事なポイントがある。

それは、全文を英訳せず、特に言えるようになりたい「一文」だけを英語にするということだ。


なぜか？

量が多いと、**瞬時に言えないからだ。**

何度も言うが、僕たちはいま「自分が言いたいフレーズ」をあらかじめ知っておき、実際に必要になったときに「瞬時に言える」ようになることを目的とした勉強のプロセスにいる。


例えば、ここにふたつの英文がある。

どちらが言いやすいだろうか？

①日記の内容を全て英語にしたもの

The first thing I did when I lived in Canada was focusing on making cool designs that would catch peoples' attention. It took around a year, but I gradually was able to make "graphic design" into my occupation. This is because people who were pleased with my designs were willing to pay me to work for them.
The important thing was not to focus on earning money. If we make an effort to make people happy, money will automatically come.

②日記のなかで「特に言えるようになりたい一文」だけを英語にしたもの

If we make an effort to make people happy, money will automatically come.

文章量の少ない②の方が、明らかに言いやすいと思う。

もちろん、①の例くらい、一気に英語が話せるようになりたい気持ちもわかる。しかし、せっかく作った長い英文を一ヶ月後に完全に忘れてしまうのなら、（スピーキングの観点から言うと）あまり意味がないのだ。いまの僕たちは、もっと小さい単位である「フレーズ（それだけで意味が成り立ついくつかの単語の集まり）」を確実に覚え、それを「瞬時に言えるようにする」練習に集中すべきである。

……と、このように明言できるのも、他ならない僕自身が「日記を全文英訳すること」に夢中になり「結局何も覚えておらず、実際に使うことができない」という時期を経験したからだ。なにより量が多いと、全文英訳だけで「勉強した気」になってしまうのだ。

5年間、試行錯誤しながら「英語日記」を書き続けてきた僕が思う、英語日記の英文の量の理想は**「10秒以内に言い終わる一文」**である。

そこで、先ほど書いた「自然な日本語日記」のなかで、「特に言えるようになりたい一文」をピックアップしてほしい。

例

その日書いた日記

「今日は、5年ぶりに長野のおばあちゃんの家へ行った。大人になってから、どんどん田舎が好きになる。刺激が欲しくて東京に来たけど、いまは『癒し』がほしいかも。歳をとるにつれて、昔とは真逆の考えを持つようになったなあ。」

↓ 「特に言えるようになりたい一文」をピックアップ

「歳をとるにつれて、昔とは真逆の考えを持つようになった。」

日記内容を要約するような一文

また、書いた日記の日本語文のなかで「コレ」と言った一文が見つからなければ、「日記内容を要約するような一文」を作ってしまってもいい。

例

その日書いた日記

「中古CD屋で、ビートルズのレコードを買った。お父さんの影響でもう10年以上ビートルズを聴いているけれど、いまだに飽きない。最初は音楽が好きだったけれど、次第に彼らのファッションの魅力にも気づいて、完全にファンになってしまった。」

↓

日記内容を要約するような一文

「ビートルズのファンになった理由は、音楽だけでなくファッションにも魅力を感じるからだ。」

ちなみに、「10秒以内に言い終わる一文」とは言ったが、これはあくまで目安であり、少し長くなってしまったり、文章が二文に分かれても問題はない。

また、余力がある人や「ライティングスキル」を特に伸ばしたい人は、「日記を全文英訳した上で、一文だけピックアップする」というスタイルでも構わない。

ただ、どんなスタイルであれ、個人的なオススメは「1日に覚える文章は短めにしておく」ということだ。

なぜなら、「覚える文章量が短くていい」という事実は、勉強へ向かう精神的ハードルをかなり下げてくれる。「いまから大変な作業がはじまる」と思うと、僕たちはやらなくなってしまう。

ハードルを下げ「勉強に向き合いやすい状況」を作るところまで自分でデザインするのだ。

「言えなくて悔しい」を先取りする

言いたいフレーズをピックアップしたら（または「要約文」を作ったら）、英訳する前に**まずは自分で、英語で言ってみよう。**

たとえ言葉に詰まり「言えない…」と悔しい感情を抱いたとしても「自分で言おうとしてみる」というプロセスを挟むことが、そのフレーズの定着に繋がる。

第一章でも述べたように、「ドラマ」があればあるほど、フレーズは定着する。

自分で書き出した「日記」や「話し言葉」の時点で、既に教科書例文よりも「ドラマ」はあるのだが、ここで「言えなくて悔しい」という感情を味わうことで、より印象に残る一文となる。

すると、このように「うまく言えないフレーズ」にたくさん出くわすことになる。
これはすごくいいサインなのだ。
なぜか？
「いまの自分が英語で何を言えて、何を言えないか」がわかるからだ。

例

言おうとしたフレーズ
「人を幸せにするための努力を続ければ、お金は自然と集まるのだと思う。」

↓英語で言ってみようとする

「If I（努力するってなんて言うんだろう…）do my best?... and make people happy, I can earn money …（自然とってなんて言うんだろう…）」

こうやって自分のレベルを自分で把握するのも、努力の一つである。

また、この一連の流れこそが「いつか海外に出たとき、まさに自分の身に起こるシチュエーション」なのだ。

いま、僕たちは「実際に英語を話すときの感覚に一番近いこと」をやっている。

僕自身「言えない…悔しい」というおもいを何度も経験した。恥ずかしいおもいは、いま、ひとりでやってしまおう。そしていつか訪れる本番に備えるのだ。

03

「例文ピンポイント入れ替え」で英文を作る

和英辞書を使って「直訳」しない

日本語文を英文にするときに大事なのが、**和英辞書で一言一句「直訳」しない**ということ。

なぜ、和英辞書を使って直訳することが好ましくないのか？

それは、**「英文が不自然になる」**からだ。

例

言おうとしたフレーズ

「明日ユウタと遊ぶ約束がある」

↓

和英辞書で「約束」と調べると、

“appointment”と出てくる

↓

I have an appointment with Yuta tomorrow.

※不自然な文章

「約束」という単語は、辞書を引けば“appointment”と出てくるため、多くの日本人が使いがちである。しかし“appointment”とは、主に「医者への予約やビジネスにおける一対一の約束」で使う単語であり、このような「遊びの約束」を表す場面では“plan (to hang out)”と言うのが正しい。

例文ピンポイント入れ替え

では、どのように英文を作っていけばいいか。

僕がやったのは**「例文ピンポイント入れ替え」**という方法だ。

「例文ピンポイント入れ替え」とは、

インターネットで調べた『既存の例文』の主語や目的語を、**ピンポイントで「自分が言いたい」ことに入れ替える**ことで、限りなく正解に近い形を残しながら「自分専用の英語例文」をゲットする

という手法である。

例

「明日ユウタと遊ぶ約束がある」を英語で言いたい場合

手順①　インターネットを使い、「遊ぶ約束がある英語」で検索する

↓

手順②　参考にできそうな例文を見つける

I have a plan to hang out with my friends this weekend.

今週末、友達と遊ぶ約束がある

↓

手順③　ピンポイントで自分が言いたい単語

“my friends”を“Yuta”に

“this weekend”を“tomorrow”に入れ替える

↓

完成！

I have a plan to hang out with **Yuta tomorrow**.

このように、既存の正解例文から「最低限の単語」を入れ替えてしまえば、**ネイティブのニュアンスをそのままに「オリジナル例文」を作ることができる。**

また、このとき参考にするウェブサイトは、第1章「LINEデジタル単語帳」で紹介したような「ネイティブスピーカーなどの監修が入った信頼できるサイト」を使うのがいい。

「Twitter検索」で生《なま》の例文を見る

ただ、「入れ替えの参考にできる例文が、ネットで検索しても見つからない」ということもある。

そこで使えるのが「Twitter検索」だ。

「Twitter」には膨大な英語話者のツイートがあり、工夫次第で「例文」として使うことができる。

例

言おうとした英語フレーズ

「2年前にカナダに住んでいたとき、たくさんの信頼できる人たちに出会った。」

手順①　インターネット検索「信頼できる人　英語」

手順②　「信頼できる人たち＝reliable people」という表現は見つかったが、いい例文がない

手順③　Twitterの検索窓で“reliable people”と検索し、その表現を使ったネイティブスピーカーのツイートを見る（このとき、調べたいフレーズを「" "」で囲うと、ひとかたまりの単語として検索できる）

手順④　自分が言おうとしたフレーズにもっとも近いツイートを参考にし、「例文ピンポイント入れ替え」で自分なりの例文を作る

When I lived in **France three** years ago, I met a lot of reliable people.

↓

When I lived in **Canada two** years ago, I met a lot of reliable people.

もちろん、自分の言いたい文章と完全に一致する例文が見つからないときもあるが、そのときは文章を前半と後半で分けたり、フレーズ単位で検索し、なるべく近いものを見つけて、最後は自分で文章を組み立ててみよう。

こうして「例文ピンポイント入れ替え」と「Twitter検索」をうまく使うと、10秒以内に言い終わる一文程度であれば、ほとんどの場合「10～20分」で作り上げることができる。

また、Twitter検索を使えば「この単語には○○がセットでよく使われるのか」といった発見や「同じ表現を使っている人はほとんどいないから、これはあまり口語的な言い回しではないのだな」といった、その表現のリアルな使用感を見ることもできる。

非ネイティブスピーカーの僕たちには、ネイティブの「ニュアンス」がわからない？　たしかにそうかもしれない。でも、できることがひとつある。それは、**ニュアンスを「知識」として知り、徐々に体に覚えさせる**ということだ。

Twitterには億を超える英語話者が存在する。そんな彼らが日々ツイートする文章は、もはや「生の無限例文」であり、僕はこれらの文章ひとつひとつに「生き生きとした命」が宿っているようにさえ感じる。

04

「オンライン英会話」で添削してもらう

添削の受け方

こうして「オリジナル例文」を作ったら、次は「先生に添削」してもらおう。

この文章自体かなり丁寧に作っているため、思いつきで書き出す英文より遥かに正確性は高いはずだが、それでも「自然な英文」を完全に再現することは、いまの僕たちにはまだ難しい。

そこで**「オンライン英会話」の先生に、自分の日記が「自然かどうか」チェックしてもらう**のだ。

オンライン英会話は、通常「自己紹介」→「本レッスン」の流れだが、この間に**「日記添削の時間」を挟む。**

以下の流れで進めるとスムーズにいく。

オンライン英会話のレッスン風景

オンライン英会話での「添削」の受け方

①授業がはじまり、先生と自己紹介をする
②レッスンに入る前に、こう尋ねる

Before we start the lesson, I have something to ask you. I keep a diary in English. Could you check and correct my entry for today?

レッスンに入る前に、ひとついいですか。僕は英語で日記を書いているのですが、今日の内容を添削してもらうことはできますか?

大半の先生は、このように「自ら学ぶ意思」のある生徒を歓迎してくれる。経験上、日記添削を断られたことは一度もなく、みんな、非常に丁寧にチェックしてくれる。このときに言ってもらえる「○○といった方が自然に聞こえるよ」とか「この表現は古いから、いまの人は○○の方がよく使うかな」といった実践的なアドバイスは、次から英文を作るときの参考にもなる。やればやるほど、僕たちの「ライティング」能力は上がっていく。

こうして添削が終われば**「完全なオリジナルかつ、言えるようになれば必ず役に立つ英語例文」**が手に入る。これは、教科書をなぞるだけでは絶対に得られない文章だ。

僕はこの例文たちを**「宝物」**のようにすら感じる。この一文の積み重ねが、未来の海外生活を大きく救うことになる。

オンライン英会話は「練習試合」

ここで、オンライン英会話の「本レッスン」でやるべきことについても話しておく。
オンライン英会話のコツは、**「受ける」のではなく「使う」**ことだ。

僕はオンライン英会話を**「練習試合」**だと捉えている。

レッスンでは、自分の理想とするレベルで英語を話せる先生をひとり占めできるのだ。こんなに贅沢な状況はない。ひとりでもできるような「文法の勉強」をオンライン英会話でやるのはあまりにももったいない。

かなりの勉強が自分ひとりでできる時代になったが「会話」だけは、パートナーがいないと成り立たない。「スピーキングの練習試合にやってきた」つもりで、いま、ここでしかできないことをやろう。

例えば直近で英語を使うことが決まっている人は、その場面で使いそうな英語フレーズを片っ端から書き出し、レッスンで添削してもらう。そして発音や話し方まで指導してもらうのだ。

また、オンライン英会話内に用意されている教材を使うのもいい。

僕のオススメは、**「フリートーク」**と**「ニュース教材」**だ。

①フリートーク

フリートークでは、自己紹介からはじまり、自分の好きなこと、相手の趣味などを訊ね合い、普段している仕事のことや休みの日に何をやっているかなどを話す。

これは「海外で初対面の人と会ったときの会話に限りなく近い」のだ。ここで、自分にまつわる基本的な事柄を、一切詰まることなく英語で言えるレベルに持っていく。

英語日記で習得した「日頃、自分の身に起こること」と「日頃、考えていること」にまつわる例文たちを、ここで惜しみなく言ってみよう。

②ニュース教材

しかし、毎授業フリートークだけだとマンネリ化してくる。そこで、「ニュース教材」も適度に交えていく。ニュースを選ぶ際のポイントはふたつある。

ひとつは、「自分の興味のある分野のニュース」を選択すること。

「興味のある分野」であればあるほど、未来の海外生活で実際に話題に上がる可能性が高い。それを授業で先取りできるなんて、最高の練習になる。
また、ニュース教材は「5分程度で読み終わるニュースの文章」を毎回読むことになるので「最高のリーディング練習」にもなる。

ふたつめに、ニュースを読み終えた後の「ディスカッション」に時間をかけること。「ディスカッション」では「瞬発力」「発想力」「語彙」「発音」といった「総合的な英会話力」が全て同時に試される。

最初は「言えなくて悔しい」というもどかしい思いをたくさんすると思う。その場合は、いま自分が言える範囲で一度伝えきり、先生がこちらの言いたいことを汲み取ってくれたところでこう尋ねてみるのもいい。

How should I say this in the proper way? Could you type the sentence in the chat box for me?

これは、ちゃんとした言い方だとなんて言えばいいですか？　文章をチャットボックスに書いてもらってもいいですか？

こうしてその場で正解文を手に入れることができたら、それはあなたにとっての

「オリジナル例文」をもうひとつ獲得したことになる。これを「次の日の英語日記フレーズ」の題材にしよう。

おすすめオンライン英会話３つ

最後に、僕がいままで、体験も含めて実際にやってきたオンライン英会話を３つ紹介する。

①ＤＭＭ英会話

ＤＭＭ英会話の特徴は１００カ国以上の国籍の先生が所属しているところだ。フィリピン人の先生が多いが、他にもセルビア人、ルーマニア人など英語を流暢に話す先生が揃っている。「自宅の画面上で、毎日多様な国籍の先生に会える体験」はとても刺激的だ。

海外旅行や、世界中の人と話すことが好きな方にオススメだといえる。

また、ＤＭＭ英会話には「ネイティブコース」（アメリカ、イギリス、カナダ、オーストラリアなどの先生による授業）がある。自分がこれから行く国が明確になっている人はこのコースを選び、その国の先生を選ぶと、非常に実用的でいいと思う。現地での生活に関する情報をここで聞いてみよう。

②レアジョブ英会話

レアジョブ英会話は「日常英会話コース」「ビジネス英会話コース」「中学・高校生コース」などがあり、他のどのオンライン英会話よりも「コース設定」がしっかりしているのが特徴だ。

体験レッスン後には「日本人チューターによるカウンセリングサービス」もあり、ケアがかなり手厚い。これは他のオンライン英会話にはないメリットだ。何からはじめていいかまったくわからない「英語学習初心者」の方や、自分でプランを立てて勉強するのが苦手な方に最適なオンライン英会話だと思う。

③Native Camp

「ネイティブキャンプ」は、24時間何回でも、予約なしで好きなだけレッスンが受けられるのが特徴。

また、他のオンライン英会話のレッスン時間は通常「25分」となっているが、ネイティブキャンプでは「5分だけ」、「10分だけ」といった受け方が可能で、スキマ時間を有効に使うことができる。

とにかくコスパや使い勝手がいいので、海外出発前に短期間で集中してスピーキング力を上げたい方などにオススメだ。

「英語が話せるようになりたい」と願う全日本人へ

どのオンライン英会話も通常コースは**「毎月６０００円前後」**（２０２０年1月現在）で、家にいながら、インターネットを通したテレビ電話でレッスンを受けることができる。この「安さ」と「便利さ」で、ハイクオリティのマンツーマン授業が受けられる現代に生まれたことを心から嬉しく思う。

これをうまく活用すれば「毎月数万円で週一回しか受けられない英会話スクール通い」も「年間数百万円かかる欧米語学留学」も、しなくていいのだ。

ちなみにどのオンライン英会話にも2回程度の無料体験レッスンがある。

この革命とも言える素晴らしさを「英語が話せるようになりたい」と願う全日本人に体感してほしい。

05

「スマホひとりごと」練習法

口がフレーズを言い慣れている状態にする

「スピーキング」に関して、5年間勉強を続けてきた自分が確信を持って言えることがある。それは**「フレーズは、実際に口に出した回数が多い順で使えるようになる」**ということだ。

例えば「元気？　最近どう？」のような挨拶代わりの英語フレーズには、

- How are you?
- How's it going?
- What have you been up to?

など、様々な言い方がある。

英語学習をはじめた当初、これらのフレーズを「覚える」ことはしたのだが、実際に口から出てくるフレーズはいつも“How are you?”だった。

これは、僕自身が“How's it going?”や“What have you been up to?”というフレーズを、実際に口に出した経験が極端に少なかったからだ。

それに気づいてから、まずはこのふたつのフレーズを、自分が生涯で言ってきた“How are you?”の回数を超えるくらい、繰り返し言った。すると**「口がフレーズを言い慣れている状態」**になり、実際の会話でも自然と使えるようになった。

そう、**「口に出した回数」は「使いやすさ」に直結する**のだ。

ということは、英語日記を通して丁寧に作ってきた「オリジナル例文」も「作って満足」では意味がない。「口が言い慣れている状態」まで持っていって初めて、そのフレーズは輝き出す。

そこで、この勉強法の最後におこなうのは、

「スマホひとりごと練習法」だ。

この練習法では、最大限まで「スマホ」を使い、基本的には**「ひとりごと」でその日の英語日記を何度も繰り返す**ことになる。

さきほど、オンライン英会話を「練習試合」に見立てると話したが「練習試合」を成功させるには「自主練習」が必要になる。スポーツと一緒だ。この自主練習のポジションを担うのが「ひとりごと」である。

とはいえ、闇雲にひとりごとを言えばいいわけではない。

なぜなら、ひとりで繰り返し言ってみたところで**「発音」**と**「アクセント」**は上達しないからだ。むしろ、変な癖がついてしまう可能性もある。「ひとりごと」にも、「コツ」が必要なのだ。

何かを習得する際の基本は「プロを真似する」こと。

しかし、英語日記は「自分で作った文章」だから、教科書についてくる音声教材ＣＤのようなお手本がない。

では、どうすればいいか？

《手順1》音声「読み上げ」機能をお手本にシャドーイング

(1)スマホの設定画面から「音声読み上げ機能」をオンにする
(2)スマホに入っている「メモアプリ」に、その日の英語日記を打ち込む
(3)英文を選択し、「Speak（読み上げ）」ボタンを押す

これで、限りなくネイティブに近い発音で、スマホが英文を読み上げてくれる。
「オリジナル音声教材」の完成だ。
特にiPhoneは、以下のような機能が充実している。

・読み上げスピードを調整できる
・US英語、UK英語、オーストラリア英語他各国の英語が選べる
・男性、女性の声が数パターンずつあり、20種類以上から自分に合った声が選べる

この「お手本」を聞きながら、**「シャドーイング」**をおこなうのだ。

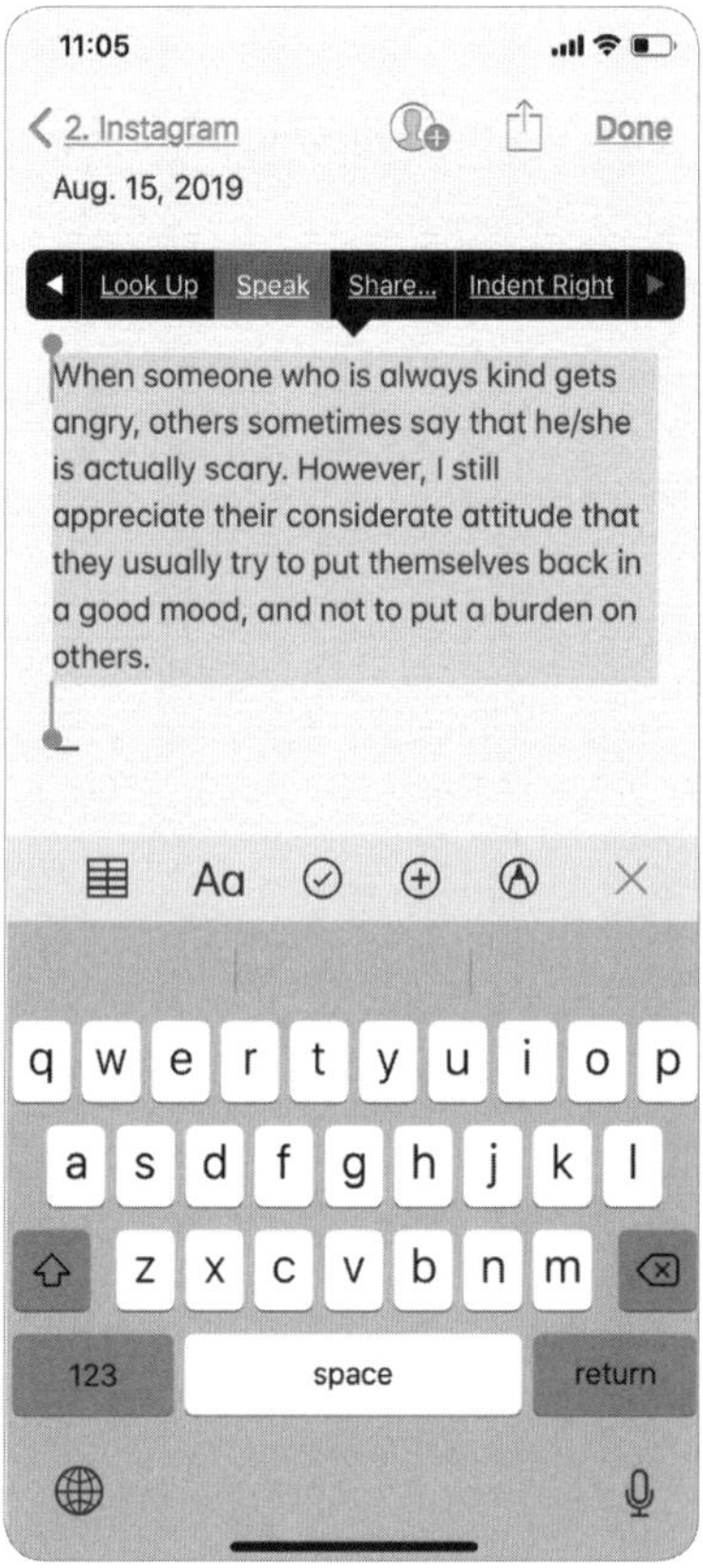

iPhoneメモアプリの音声読み上げ

シャドーイングとは、再生される音声を聞きながら、聞こえた音をほぼ同時に繰り返して言う練習方法のことだ。一般的なシャドーイングでは「音声のスピードについていくこと」に意識を置いてしまい、発音の細かい部分がおざなりになってしまうことがある。

しかし一番大事なのは、**ゆっくりでいいから、「アクセント」と「単語が連続する**

ことで音が繋がる部分」を完全に再現することだ。例えば、次のような文章がある。

例

I like talking with my friends in English.

私は友達と英語で話すのが好きです。

前半の“I like talking”は、あえてカタカナで書けば「アイ　ライク　トーキング」だが、ネイティブスピーカーは**「アクセント（音の強弱）」**をつけて話すので、彼らの発音を注意深く聞くと**「アィラィトーキン」**のようになっていることがわかる。

また、後半の“friends in English”は、カタカナで書くと「フレンズ イン イングリッシュ」だが、実際には**「単語が連続する部分は音が変わる」**あるので、**「フレンズィンニングリッシュ」**のような発音になる。

このような「細かい部分」を意識してほしいのだ。

そのため、シャドーイング練習の最初は**「アクセント」と「音が繋がる部分」を意識しながら、注意深く聞く**ところからはじめてほしい。

そして、「その音声を完全に再現するようなイメージ」で実際に口に出す。

《手順2》音声「入力」発音チェック

見ないで言えるようになったら、その「発音」がちゃんとできているかをチェックするため、**音声「入力」機能を使う。**

「音声入力ボタン」を押して話しかけ、まったく同じ文章を表示させることができるか試してみよう。

すると、「うまく認識してくれない箇所」が出てくるはずなので、もう一度「読み上げ機能」でお手本を確認し、発音を認識してくれるまで何度も口に出してみてほしい。

このように使えば、アイデア次第で「音声入力」は「発音チェックマシン」になるのだ。

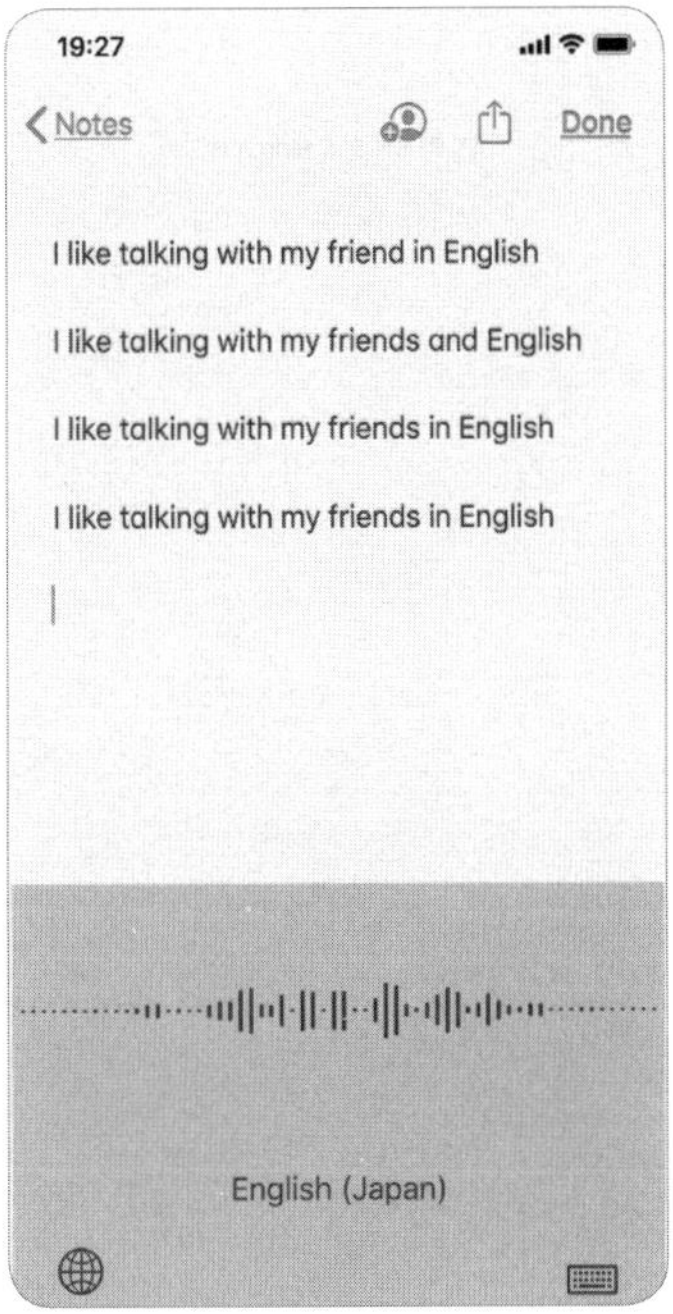

iPhoneメモアプリの音声入力

《手順3》「シミュレーションひとりごと」

最後に「見ないで言えて発音も正しい」というレベルになったら、スマホを置き、**「シミュレーションひとりごと」**をしてみてほしい。

「シミュレーションひとりごと」とは、**脳内に話し相手を作り、そのフレーズを使う**

場面を明確に思い浮かべながら、英語ひとりごとを言う練習方法だ。

例えば僕の場合、その日の英語日記が「感謝フレーズ」ならば、「アメリカでジョセフが宿まで車で送ってくれたあの情景」を思い出し、身振りもつけながら練習する。

Oh Joseph, thank you so much!
I really appreciate your kindness.

ジョセフ…本当にありがとう！　君の優しさに感謝しています。

これを、自分の部屋で、ひとりでやってほしい。この「シミュレーション」が非常に重要なのだ。

なぜか？

いままで海外に行ったことがある人はわかると思うのだが、実際にネイティブスピーカーを目の前にすると、英語力以前に「緊張」してしまって、それが理由で言葉が出てこない、ということが頻繁に起こる。

この緊張は、「勉強」→「本番」という流れで挑んでしまうから生まれるのだ。

ここに「シミュレーション」という過程を挟み、**「勉強」→「シミュレーション」→「本番」**という流れで挑めば、緊張による言葉詰まりをある程度回避できる。

1日100回言う

ちなみに、英語日記を読み上げる回数については、個人的には「合計100回」ほど繰り返すことをオススメする。

例えば、

- 音声「読み上げ」のお手本を聞きながらシャドーイング↓30回
- 音声「入力」で発音チェック↓30回
- 「シミュレーション」ひとりごと↓40回

という配分を目安におこなう。

100回というと多い気がするが、英語日記は「10秒以内で読み終わる文量」でつくっているので、10分〜20分もあれば終わるはずだ。まとまった時間が取れない場合は、通勤・通学時に歩きながら口に出してみるのもいい。

復習方法

また、フレーズをより定着させるため、その日の英語日記の音読に入る前に、**「1日前」「2日前」「1週間前」**の英語日記を数回ずつ言ってみてほしい。

これをやるだけで定着率がグンと上がる。

そしてある程度英語日記が溜まってきたら、ランダムに選んだ昔の英語日記の「日本語文」だけを見て、その日の「英語文」を瞬時に言う練習もしてほしい。

ここまで徹底的にやり「自分の口がそのフレーズを言い慣れている状態」を作ることができれば、実際にそのフレーズが必要になったときに「瞬時に言う」ことができる。

これこそが、「英語が話せる」ということなのだ。

Instagramを最大限に使う方法

これまで様々な勉強法を書いてきたが、ひとつ大事なことを伝えたい。

それは、**どれだけ優れた方法論も「続けないと無意味になる」**ということだ。

「英語日記に丁寧に取り組むこと」が自分にとっての「英語が話せる」を最短距離で叶えてくれる方法だとわかった僕たちは、勉強に向き合うのと同じくらいの熱量で「継続」について真剣に考えよう。

そこで僕はInstagramを使うことにした。

《理由1》「復習」が身近な存在になる

まず、**「Instagram」に英語用アカウント**を作成し、ここに日記を投稿する。身近なSNSであるInstagramと英語学習を紐づけることで、勉強モードに入るまでのハードルを極限まで下げるのだ。

Instagramではボタン一つでアカウントの切り替えができるので、普段のアカウントを見たついでに英語の復習ができるくらい、勉強が身近な存在になる。

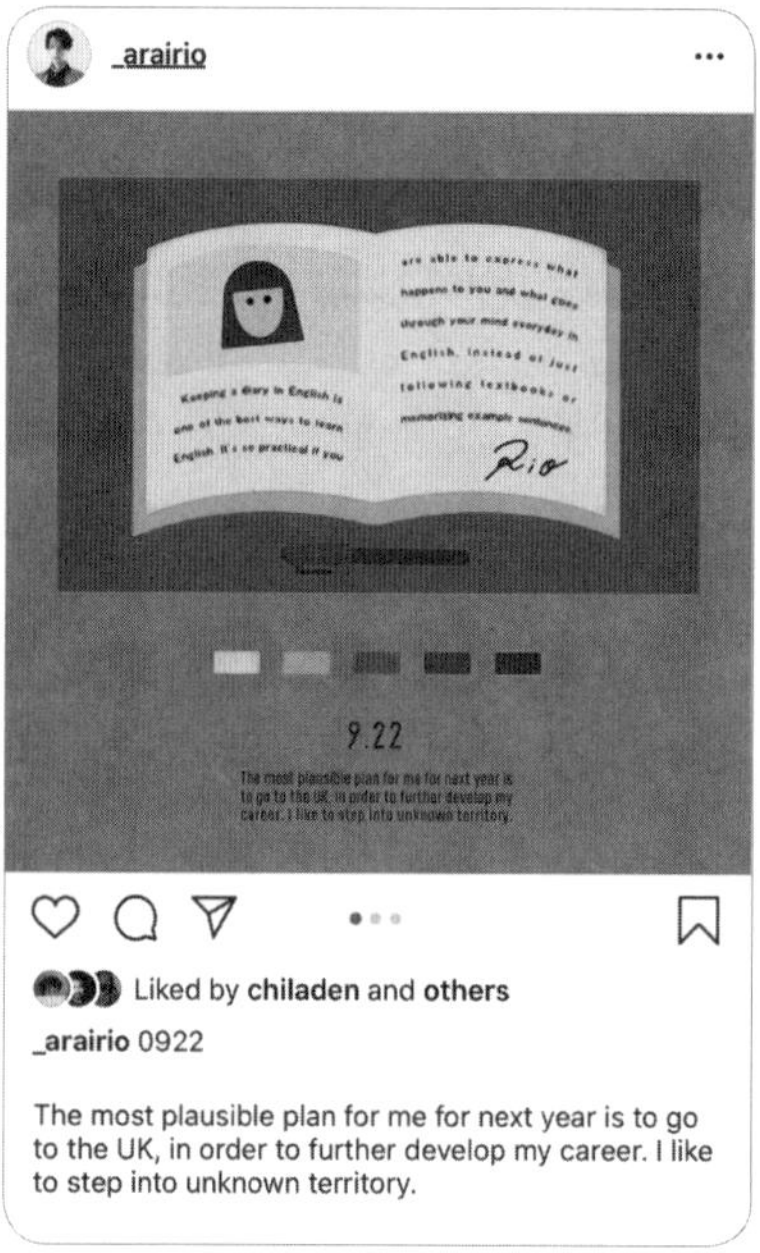

Instagramに投稿した英語日記

第1章で紹介したデジタル単語帳を「LINE」でおこなったのも同じ理由だ。日常的に使ってしまうようなスマホアプリに「英語勉強」の要素を埋め込むことで、「復習」を身近な存在にしよう。

《理由2》ストーリーズでスピーキング練習ができる

また、Instagramには24時間で消える動画をアップロードできる「ストーリーズ」という機能がある。

ストーリーズでスピーキング練習

ここに、１００回口に出して練習したフレーズを発音した動画（または音声）を、その日の集大成としてアップする。自分の発音を録音して聞く習慣をつけると、改善点が浮き彫りになり、集中して練習すべきポイントがわかる。

また、ストーリーズに投稿した動画は自分だけが見られるアーカイブ機能に溜まっていくので、あとで発音の上達度合いを見返すこともできる。

《理由３》他の英語学習者と一緒に勉強できる

Instagramの英語アカウントは、２パターンの使い方ができる。

ひとつは、アカウントに鍵をかけ、フォローもフォロワーも「０」にしておくことで、完全に自分の「練習ツール」として使う方法。

そしてもうひとつは、オープンアカウントにし、「他の英語学習者と一緒に勉強する」という方法だ。

個人的には後者をおすすめしたい。なぜなら、「人を巻き込む」ことは継続のために一番効果的だからだ。

〝英語日記BOY community〟

「英語力は継続から生まれる」という考えのもとに、2019年5月、〝英語日記BOY community〟を開設した。

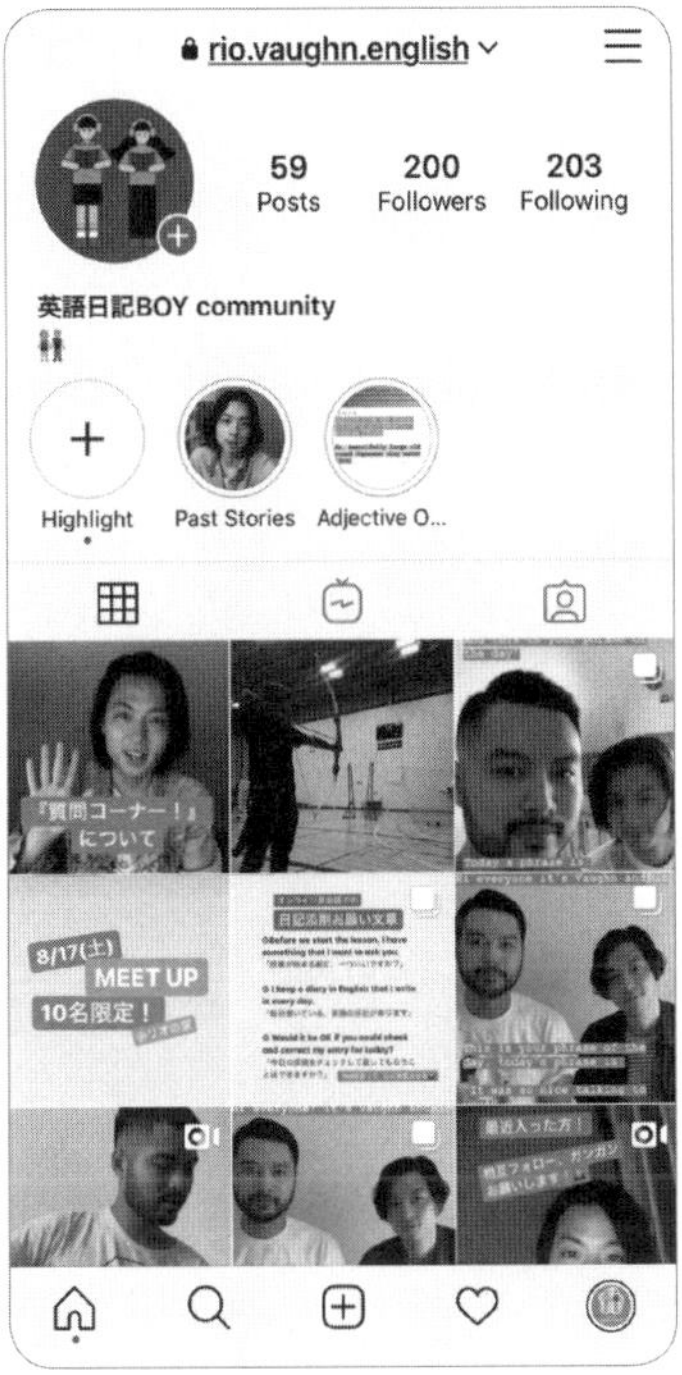

“英語日記BOY community”

これは、誰でも参加できる、「Instagramアカウントを使ったオンライン上のクローズドコミュニティ」だ。

僕とカナダ人講師Vaughn（バン）が、英語レッスン動画を毎週アップし、それを参考に、参加者にも英語日記を書いて投稿してもらう。

また、ストーリーズには「その日の英文を実際に発音してみた音声動画」や、「毎日のTo doリスト」を公開することで、適度な緊張感を生むこともできる。

現代のツールを使えば、英語は「独学」で絶対に話せるようになるが、独学の唯一の難点を挙げるとするならば「結局、ひとりでやらなければならない」ということだ。たしかな「意志の強さ」が必要になる。

しかし、「意志の強い人しか英語が話せるようにならない」とは思わない。

繰り返すが、大事なのは**「環境作り」**だ。

現在、このコミュニティには２００人以上の「本気で英語に取り組む日本人」が参加している。

スキルは「未熟でも使う」ことでだんだんと伸びていくが、多くの人が、未熟なものを世に出して笑われることを恥ずかしいと思ってしまう。

しかし、ここでは「みんなが勉強中」であり、誰も、誰かの未熟な英語を笑うことはない。むしろ、お互いの成長を褒め合い、しっかりと切磋琢磨している。一緒に勉強する仲間がいるだけで、勉強はかなり捗るのだ。

現実世界でこのような同志に出会うのはなかなか難しい。だからこそ、オンラインコミュニティを使うのもいい。インターネットには様々なコミュニティがあるので、自分の伸ばしたいスキルを同じ熱量で追いかける仲間を是非見つけてほしい。

以上が、僕の「英語日記」勉強法の全てだ。

もちろん、最初からこのスタイルを見つけられたわけではない。

試行錯誤と改善を重ね、5年間かけて徐々にこのスタイルを築き上げていった。

この本を手にとってくださったみなさんには「5年分の悩みが省略できた」と思って、どんどん実践してみてほしい。

留学に行けば英語を話せるようになるわけではない。

「自分自身が勉強するから」話せるようになるのだ。日本にいながら、いますぐ、お金をかけずにできることがいくらでもある。

そして本当に意味のある勉強とは、やりながら「これは確実に力になっている」とリアルタイムで実感できるものだ。

意味を実感しながらおこなう勉強は楽しい。

そう、勉強は本来「楽しい」のだ。
できなかったことができるようになる。これほどポジティブなことはない。
全ての勉強は「いつかの自分を救い、輝かせるため」にある。

第3章

実践篇

英語をどう使うか?

第2章で書いた勉強法を真剣に続ければ、英語は確実に話せるようになる。

しかし、ここで一番大切なことを書き留めておきたい。

英語学習における、多くの日本人が忘れがちで、何よりも重要な事実。

それは、**英語は、なにかと掛け算して「使う」ことで初めて、その魅力が生きる**ということだ。


「英語が話せるようになりたい」と願う日本人は星の数ほどいる。英語が話せれば、海外で自由に、自分の好きなように働けるイメージがあるのかもしれない。かつての僕もそう信じていた。

しかし、英語とはあくまでもツールのひとつにすぎず、それだけで世界を攻略できる武器にはならない。


僕はこの本をただの「英語学習法本」で終わらせたくない。

僕が一番に伝えたいのは、英語を身につけ、何かと掛け合わせて使うことで新たにはじまる、これまでの常識を根本から覆してしまうほど美しい未来だ。

英語には、いまあなたが抱く葛藤や鬱憤を一番綺麗な形で塗り替え、生きていること自体が楽しくなってしまうような素晴らしい経験を次々に呼び寄せる力がある。これはただの精神論ではない。英語が話せるということは、活動の場を日本だけに限定する必要がないことを意味する。

僕たちはもう、全て自分で選んでいいのだ。仕事も、住む場所も、関わる人も。

だからこそ、英語力を高める努力をしながら「その英語を何に掛け合わせ、どう人生に生かすか」を同時に考えることが重要になる。

あなたは英語を使って、何がしたいだろうか？

最終章では、英語の使い方、掛け合わせ方を、具体例とともに解説する。

ぜひ、「自分だったらどうするか」と未来を思い描きながら読んでほしい。

自分の留学に タイトルをつける

カナダへの旅立ち

２０１６年3月、僕は新しい目標を掲げた。

それは**「カナダでグラフィックデザイナーとして生計を立てる」**ということだ。

第１章でも少し触れたが、英語の勉強をはじめる少し前、自身のバンドグッズ製作のために独学でグラフィックデザインの勉強をはじめた。それだけで食べていくにはあまりに少ない金額ではあったが、２年かけて国内では少しずつ仕事がもらえるようになっていた。

そこで、こんなことを考えた。

前年に行ったカナダでのライブツアーは、未熟な英語力ながら、現地の観客を盛り上げ、生涯忘れられない経験を得ることができた。あのときよりも英語が話せるようになったいま、何か、もっと飛躍的なチャレンジができるかもしれない。

そして僕は決めた。

「次は、デザインだ。デザイナーとしてもう一度カナダに渡り、生計を立てて帰って

くることを目標にしよう」と。

当時20歳だった自分にとって、カナダツアーの成功は衝撃すぎた。「英語×音楽」の一番の夢を叶えたようだった。このまま普通に暮らしていても、あれより感動的な出来事は起こらないのではないか。何かこれを超える経験があるとしたら、それは「英語×デザイン」の夢を叶えることだと思った。

日本人であれば、カナダにはビザなしで6ヶ月、ワーキングホリデービザを使えばプラス1年、計1年半、誰でも住むことができる。このアドバンテージは使うしかない。

「挑戦してみたいことがある」というのは想像以上に貴重な感情で、大切にしなければならないと思う。せっかく生きているのだ、これまで積み上げてきたものを全て捨てても、いまから自分がおこなう努力に賭けてみる価値はある。

僕は大学を休学し、バンドも活動休止させ、カナダのトロントへ旅立った。

自分の海外生活にタイトルをつける

本書を読んでくださっている人のなかには「いつか海外で生活をしたい」と願う人が多くいるだろう。

そんな人に是非やってほしいのが**「自分の海外生活にタイトルをつける」**ということだ。

漠然と目指している対象があるときは、なるべく早い段階で「明確すぎるくらいの目標」を一度決めてしまうのがいい。なぜなら、**人間は、曖昧なものは頑張れないが、明確なことは頑張れる**からだ。

例えば、

「いつか海外のカフェで働いてみたい」

このような目標を掲げる人がいる。もちろん、きっかけとしてはいいと思う。

しかし、こんなつっこみを入れることができないだろうか。

「いつかっていつ？」
「海外ってどこ？」
「カフェで働くって、具体的には？」

そう、これでは「曖昧」すぎて、毎日の大切な時間を「勉強・練習」に費やす理由としては弱い。だから頑張れなくなってしまう。「夢が叶う」とは、様々な誘惑があるなかで、テレビでもなく、ＳＮＳでもなく「勉強・練習する」という選択肢を選び続けた人に与えられるご褒美なのだと思う。

こう書くとなかなか厳しく聞こえるかもしれないが、ちゃんとコツがある。

それが、**これからはじまる自分の海外生活に、あらかじめ「タイトル」をつける**ということだ。

例

海外生活の目標が曖昧な場合

「いつか海外のカフェで働いてみたい」

↓

いまやるべきことが見えてこない

海外生活にタイトルをつけた場合

「オーストラリアの〇〇カフェでバリスタとして働き、海外のカフェで働くための専門知識を英語でマスターする海外生活2020」

↓

いまやるべきことが見えてくる

・日本にいるうちから英語の履歴書を準備して、到着次第すぐに働けるようにする

・オンライン英会話で面接のシミュレーションをおこなう

・カフェで働いた際に言いそうな接客フレーズを瞬時に言えるレベルにしておく

このくらい明確な未来予想をするのだ。もちろん実際のプランは変わっても構わない。暫定的なものでもいいので一度決めてしまえば「いまの自分には、どの分野の、どんなスキルが足りないか」が一瞬でわかる。

僕は「とりあえず行ってみたらなんとかなる」という言葉をあまり信用していない。実際には「明確な目標を持ち、綿密に準備をして行ってみたら、なんとかならないことばかりだったが、それを乗り越えるためにおこなったさらなる努力の結果、なんとかなった」が正しい。

「理想レベル」で考える

また、タイトルを決める際「いまのレベル」は考えなくていい。

代わりに**「自分が海外に滞在するであろう時期の理想レベル」**で考えよう。

僕たちはつい「いまのレベル」でギリギリ到達可能な目標を立ててしまう。しかし、勉強と練習さえすれば確実にスキルは上がり続けるという事実を忘れてはいないだろうか？

自分はこんなタイトルをつけた。

タイトルをつける

「カナダでグラフィックデザイナーとして生計を立て、今後どの国でもフリーランスとして生きていけるだけの英語力とスキルを身につける海外生活2016~2017」

↓

いまやるべきことがみえてくる

・デザイナーとして働く際に必要になる専門用語や、英語での指示の出し方を習得しておく

・外国人である自分に仕事を任せてもいいと思ってもらえるほどのデザイン的な特徴を作っておく

「見つける段階」にいるかもしれない

タイトル（≒英語と掛け合わせるべき対象）がなかなか決まらない人は、もしかしたら「掛け合わせる段階」のひとつ手前である**「見つける段階」**にいるのかもしれない。

自分も19歳でグラフィックデザインを学びはじめてから、実際に英語と掛け合わせカナダに渡るまでに約3年かかっている。もし、「とりあえず海外に住むこと」を焦り、準備ゼロで旅立っていたら、全てが中途半端になってしまっていただろう。

生涯の仕事にもなるかもしれない「英語に掛け合わせる対象」は、誰でもすぐに見つかるものではない。まずは英語の勉強を続けながら、同時に英語以外の様々なものに手を出してみよう。

「英語に掛け合わせる対象」の参考として、国境を超え、世界で仕事ができる職業の例を挙げてみる。

・グラフィックデザイナー
・Ｗｅｂデザイナー

・動画編集クリエイター
・プログラマー
・イラストレーター
・フォトグラファー
・スタジオミュージシャン
・ライター
・翻訳者
・通訳

これらは「フリーランス」の職業として特に適しているものだが、特化した知識とスキルさえあれば、次のように「どこかに所属することで仕事になる職業」でも構わない。

・バリスタ（カフェ店員）
・日本語教師
・美容師
・料理人

・各種エンジニア

また、いまの時代はインターネットを掛け合わせれば、「どんなものでも」仕事になったりする。

・プロゲーマー
・YouTuber
・ブロガー

このように、世界で働く選択肢は、いくらでもある。

既に世界で活躍する日本人のロールモデルを調べ、いまから目指す分野がマーケットとして成立しているか。また、これから成立する見込みがあるかを確認しよう。

そして、自分がいつか海外で働いている姿を想像し、一番興味をそそられる対象から手を出してみればいいと思う。

「やりたいこと」の見つけ方

オススメは、**1ヶ月ほど初心者向けの勉強をやってみて「もっともっとやりたいという感情を抱くかどうか」を見る**という方法だ。

努力の過程を楽しめるものはきっと成功する。逆にワクワクしなければすぐにやめ、次の対象をやってみる。1ヶ月単位で区切れば、1年で12回もチャンスがある。

実際僕も、様々なことをはじめ、様々なことをやめてきた。家庭教師、古着屋店員、チラシ配り、マクドナルドのスタッフ、音楽イベント設営といったアルバイト。また、プログラミング、カメラ、スタジオミュージシャン、動画編集などの勉強もした。

そのなかで残ったのが「グラフィックデザイン」だった。1ヶ月続けてみたときのワクワク感が、他のものとは明らかに違った。僕たちは、自分が何だったら楽しく努力できるか、探し当てるのも自分でやるべきだと思う。

先ほど例に挙げたものの大半は、1〜2年真剣に勉強と実践を積めば、駆け出しとしてなら十分に仕事ができるような職業だ。人生は今年いっぱいで終わるものではない。達成までのスピードより「生きがい」と言えるものを見つけることの方に価値がある。

「仕事」でなくてもいい

海外生活のタイトルは必ずしも「仕事」でなくても構わない。
どうしてもいますぐ海外に出たいが、職業にしたいほど明確な対象がわからない人は、次のような目標を設定してもいいだろう。

例

「アメリカの大学生100人に『いまの悩みと将来やりたいこと』を訊いてまわり、インタビュー結果をリアルタイムでまとめてブログで発信する海外生活2020」

「1年かけてヨーロッパ中のカフェをめぐり、お店のレビューを1日ひとつインスタグラムに投稿する海外カフェ生活2021」

このような「仕事ではないが、『経験』としてやってみたいもの」を成し遂げる海外滞在にする。

そうすれば、この経験は、生涯のどこかのタイミングできっと役に立つときが来る。例えばあなたが大学生であれば、就職活動の際に「1年間語学留学をしていました」よりも確実にパンチのある話ができるだろう。

既に社会人であっても、この経験をきっかけに「本当に突き詰めたいもの」が見つかり、それを仕事にするための新たな人生がはじまるかもしれない。

また、目標の内容はもちろん「海外生活」でなくてもいい。

例えば、「アパレルショップのオーナーであり、最近外国人のお客さんが増えてきたが、英語でうまく接客ができずに困っている」という人がいるかもしれない。

そんな人は、次のようなタイトル付けをしよう。

このように自分の英語学習にタイトルがつけば「どんな英語からマスターしていけばいいか」がわかり、勉強がやりやすくなる。

例

「アパレルストアで使う一通りの接客英語をマスターし、売り上げを10％あげる計画2020」

また、外国人のお客さんを獲得することで売り上げを10％上げるためには、店頭に

「英語メニュー」や「英語の看板」が作れそうだ…と新しいアイデアが生まれたりもする。

これらは全て「英語が話せるようになろう」という曖昧な目標では生まれなかっただろう。

「明確な目的を持った状態で英語に向き合う」ことが、なによりも大事なのだ。

学校に通わない留学

語学学校には通うべきか？

タイトルが決まったら、実行あるのみだ。
「デザイナーとして生計を立てる」と意気込んだ僕はカナダへ旅立った。
海外留学で最初にやることといえば、普通は「語学学校に通うこと」だろう。
しかし、語学学校には絶対に通わなければいけないのだろうか？

学校に通うにはかなりのお金がかかる。学費だけで月十数万円、生活費も合わせると、1年間の語学留学費用は「平均200～300万円」と言われている。これだけの費用をかけて学校に通うことを最初のステップにしてしまうと、海外留学とは、「ある程度お金がある人しか叶えられない道」になってしまう。しかし、語学学校に通うことは、本当に全ての人にとって必要なプロセスなのだろうか？

この事実を確認したくて、到着後すぐに現地の5校の語学学校で「無料体験」をした。
実際に体験した上で、個人的には「行かなくても大丈夫だ」と思った。

なぜなら、

- **生徒十数人に対し先生はひとりしかいない**
- **生徒は半分日本人（日本人ではないにしても、学生はみんな非ネイティブスピーカー）**

という環境だったから。

これだと、「授業中に自分が英語を話す時間」が少ない。加えて、たとえスピーキングのクラスでも先生はひとりなので「はい、では隣の人と話してください」と言われ、結局「日本人」と話すことになる。そしてこれを毎日繰り返す結果「日本人」の友達が増えていく。

カナダでわざわざ「日本と変わらない環境」を作っているような感覚だった。

決して日本人の友達を作ることに反対しているわけではない。学校というわかりやすい場所がある方が頑張れるという方は、お金が許せば通ってみるのもいいと思う。

しかし本書を読み、なるべくお金をかけずに「オリジナルの海外生活」を目指してみたいと思った方は、ぜひ、次の方法を試してほしい。

「学校に通わない留学」をする

お金がなかった僕は**「学校に通わない留学」**をすることを決めた。

学校に通わない留学中僕がおこなったのは、次の3つだ。

①オンライン英会話を1日3レッスン受ける

オンライン英会話が大変優れているのはわかっていたが、ここまで経済的かつ効率的だったのか、とカナダに来てその魅力を再び痛感した。

なぜなら、全てがマンツーマン授業であるオンライン英会話は語学学校と比べて**「自分が英語を話している時間」が圧倒的に長い。また、授業内容のテーマも自分でカスタマイズできる。**例えば僕の場合「デザイナーとして働いた際に使う英語フレーズを自分で考えてきたので、添削してほしい。添削後、実際にシミュレーションしながら言ってみるので、発音やアクセントがおかしい部分があれば直して欲しい」と伝えれば、完全なオリジナル授業を受けることができる。

そこで僕はレッスンの回数を**「1日3レッスン」**に増やした。当時は1日3レッスンでも「月1万2千円」程度で（2020年現在は1万5千円程度）、月10数万円かかる語学学校のおよそ10分の1。

しかもレッスンはスカイプで受けられるため、学校へ通う必要がない。僕は好きなカフェに行き「英語日記」と「オンライン英会話」をやることを、毎日のルーティーンにした。

②カフェで現地人に話しかける

オンライン英会話のレッスンをカフェでするようになり、あることに気づいた。

それは**「周りに座っている人がほぼ全員カナダ人＝ネイティブスピーカー」**だということ。

周りを見渡して話しかけてもよさそうな人がいれば、積極的に話しかけることにした。いきなり趣味を聞くのも変だ。色々考えたが、留学生として「英語の質問」をしてしまおうと思った。

例

Excuse me, do you have some time now? I'm an exchange student from Japan and I'm learning English.
I have something that I don't understand. Would you mind telling me the difference between the words "cute" and "pretty"?

すみません、いまお時間ありますか？　僕は日本から来た留学生で、英語を勉強しているのですが、ちょっとわからないことがあって…。もしできたら、"cute"と"pretty"の違いを教えてもらえないでしょうか？

このように、「英語にまつわる質問」を聞いてしまうのだ。

ちなみに、僕は知らない人に話しかけるのがかなり苦手で、これを聞くのにも、最初はすごく抵抗があった。

しかし、逆の立場になって考えてみた。

もし、日本のカフェで、隣の席の外国人が「日本語で」まったく同じような質問をしてきたらどうだろう。

相当急ぎの用事がない限り、僕だったらこの質問に喜んで答えてあげるな、と思った。日本に興味を持ち、日本語を勉強してくれていることが嬉しいし、日本語ネイティブの僕にとって、こうした質問に答えることはそこまで難しくない。

勇気を出して話しかけてみると、ほとんどのカナダ人が僕の質問に答えてくれた。これをきっかけに友達になった人もいた。

その日の勉強が一通り終われば、好きなタイミングでデザインの勉強をすることもできた。時間を何のために使うかカスタマイズできるのは「カフェ留学」ならではの勉強法だ。

③ファームステイをする

カナダ到着から2ヶ月が経ち、現地での生活にも慣れてきた頃、僕はあたらしいアクションを起こしたくなった。

とはいえ依然としてお金はない。そこで、「無料でできる経験」に特化して調べていると、**「ファームステイ」**というものを見つけた。

「ファームステイ」とは、農家のホストファミリーの仕事を無料で手伝うことで、宿と食事を無料で提供してもらえる仕組みのこと。

WWOOFというサイトに登録費5000円程度を支払うと、ホストファミリーの情報が見られるようになり、そこから自分で連絡して現地へむかう。

田舎が好きな僕にとって、これは非常に有意義な経験だった。毎朝6時に起き、休憩を挟みつつ16時くらいまで働く。仕事中はもちろん英語を使うので、実践的な英語力が伸びる。

また、仕事が終われば、次の日の朝までは完全な自由時間。週2日の休みもあったので、この間にデザインの勉強時間を確保することも十分にできた。

こうして僕は、アイデア次第で「学校に通わない留学」をすることができる事実に、強い手応えを感じていた。

修行期間のスケジュール

6月に1ヶ月間の「ファームステイ」を終えた僕は、前年のカナダツアーで特に好きになった街、モントリオールへと引っ越した。

モントリオールでは**「修行」**しようと思った。

学校に通わず、仕事もないので、とにかく時間がある。毎日、英語勉強をおよそ10時間、デザインの独学練習を3時間ほどおこなった。

この頃の僕の生活スケジュールは、大まかに書くと次のような感じだった。

改めて書き出してみると嘘のようなスケジュールだが、誇張ではなく本当にこんな生活をしていた。自分の意志で「学校に通わない道」を選んだのだから、このくらいはやらなければいけないと思った。

ただ、勉強が嫌になる瞬間は一度も起こらなかった。街にいる人が全員、自分が喉から手が出るほど欲している「生きた英語」を話している。いま、目の前で、話している、友達の、カフェ店員の、駅員の、全ての英語を自分の体内に取り込んでしまい

修行期間のスケジュール

	5:00	起床
	6:00	オンライン英会話①
英語勉強	7:00	朝の準備→カフェ①へ出発
	8:00	英語日記を書く
	9:00	オンライン英会話②
	10:00	ひとりごと練習
	11:00	LINE デジタル単語帳をまとめる
	12:00	お昼休憩
	13:00	↓
	14:00	散歩しながら Siri 発音矯正
	15:00	カフェ②で、英語日記の復習
	16:00	LINE デジタル単語帳の復習
デザイン練習	17:00	デザイン練習
	18:00	↓
	19:00	帰宅
	20:00	夜休憩
	21:00	デザイン練習
	22:00	オンライン英会話③
	23:00	就寝

たいと、本気で思った。

習慣化のコツ

特別な用事がない限り、基本的にはこのタイムスケジュールを厳守した。

勉強を習慣化するコツは、学生時代の時間割表のように**「あらかじめ時間帯を決めてしまうこと」**だ。「できるときにやろう」で結局できなかったことが、いままでいくつあるだろうか。

僕たちは、勉強・練習することを「デフォルト」として生きたほうがいい。「私は、○時~○時に英語を勉強する人間です」と思い込むのだ。この思い込みが非常に重要である。

最初は大変かもしれないが、まずは無理せず「ちょっと物足りないかな?」と思えるくらいのスケジュールを組み、1週間ほど続けてみることをおすすめする。すると「やらない方がおかしい」と思える瞬間がきっとやってくる。そうしたら、時間を少しずつ増やしていこう。一度「継続のサイクル」に入り、勉強そのものの「攻略」的な楽しさがわかってくれれば、継続はそこまで難しくない。

勉強は「やらなければいけないネガティブなもの」ではなく、「やると夢が叶うポジティブなもの」だという意識を持ち続けるのだ。

また、デザインの勉強に関して僕は「独学」の道を選んだが、例えば自分の目指したいジャンルに合った「インターン」などがあれば、それを選んでもいいと思う。「人が関わる」という要素も、継続への一手になる。ただ、「インターンをすれば自動でスキルが上がるわけではない」という事実も忘れずにいたい。

スキルの向上とは常に、限りなく「自分主体の課題」なのだ。

留学先はどこにするべき？

モントリオールはフランス語圏なので、「英語勉強」なのにモントリオール？　と思う人がいるかもしれない。

しかし、住人の大半が「バイリンガル」であり英語が通じるこの街には、過去に世界大学ランキング18位、国内1位を獲得したマギル大学をはじめ、数多くの有名大学や大手外資系企業が存在し、英語を使う機会は十分にある。

とはいえ、この街に引っ越した最大の理由は他のところにあった。

モントリオールに住むことを決めたのは、僕が、**モントリオールを心から好きになっていた**からだ。

「北米のパリ」とも呼ばれる、ヨーロッパとアメリカが融合したような独特な街並み。もともと移民が多いことから、外国人の僕に一切の偏見なく自然体で接してくれる住人たちの人柄。世界的にも有名な映画祭や音楽フェスティバルが開催され「街全体が美術館」とも称されるほどアートにかこまれた街の空気感。僕はモントリオールの全てに惚れ込んでいた。

よく「留学先をどこにするべきか悩んでいます」と相談をいただく。僕は「まずは多くの国・街を旅して、そのなかであなたの一番好きな場所に住めばいい」と伝える。「留学に最適な街ランキング」は、たしかにデータとして存在する。しかし、自分が住むべき街は、誰かに決めてもらうものだろうか？

僕は、英語学習の留学地としてはほぼ無名なモントリオールを選んだが、後悔は一切なかった。

思うに、**「自分の意志で選んだ国（街）に住む」**ことが何よりも大事なのだ。

海外＝努力がしやすい場所

「海外＝英語が話せるようになる場所」と勘違いしている人がいるかもしれない。

しかし僕は思う。

海外は、ただ、「努力がしやすい場所」なのだと。

カナダでの生活をはじめたとき、こんなことを思った。

「自分はいま、生まれて初めて自分の意志で生きている」

少し変な言い方かもしれないが、僕は自分で選んで日本人になり、日本で暮らしていたわけではない。たまたま日本人として生まれ、日本に暮らすことになっただけなのだ。

小学生の頃、給食の献立を自分で選ぶことができなかったように、僕は常に与えられた選択肢のなかで生きてきた。そうすると、嫌いなものが出てきても我慢して食べなればいけないし、残したら怒られたりもする。

しかし、カナダでの生活は違った。

僕は自分の意志でカナダを選び、自分の意志でデザイナーとしての夢を追いかける生活を選んだ。給食と比較するなら、これは「豪華ホテルのバイキング」のようだった。自由度が高い分、バランスや量などは自分で考えなければいけないが、無駄なストレスがなく、毎日がとにかくワクワクしていた。

すると何が起こるか。

簡単に言えば「毎日やる気がみなぎる」のだ。モチベーションの上げ方を考えるまでもなく、常にやりたいことが目の前にある状態。

何もしないで英語力が伸びるわけではないが、英語力を伸ばすための材料は目の前に無限に広がっている。また、無駄なノイズがないので、自分が没頭したい勉強にのめり込みやすい。

海外とは、「努力がしやすい場所」だったのだ。

「海外に行くのに語学学校に通わない」という選択は、たしかに不安かもしれない。

しかし、断言しよう。

学校に行かなくても死ぬことはない。むしろ、「行かない」を選ぶことで生まれた時間を使えば、自分が本当にやりたかったオリジナルの留学ができる。その間も、「英語日記」「オンライン英会話」に加え、カフェ学習やファームステイといったお金のかからない勉強法・経験を積み上げ続ければ、英語力は確実に伸びる。

僕たちは、自分の生きる道を「選ぶ」のではなく「作って」いいのだと思う。

カナダでできた友人たち（2016-17年）

英語×スキル

「英語力」だけでは勝負できない

本章の最初でも話したように、英語は「何かと掛け合わせること」で初めて意味を成す。

この言葉の本当の意味を言ってしまえば、僕たち日本人は「英語力だけでは、世界で勝負できない」ということだ。

どういうことか？

海外で働いてみたい多くの日本人が「まずは英語力を上げなければならない」と思うかもしれない。たしかに最低限の英語力は必須で、絶対に勉強を続けるべきだと思う。しかし同時に覚えておかなければならないのが「現地に着いた瞬間、その英語力は一番の武器ではなくなる」ということだ。

なぜなら、僕たちはいまからネイティブスピーカーと同じ土俵で戦うことになる。日本でどれだけ英語がうまいと言われてきた人も、流暢に英語を話す現地人に囲まれた途端、英語力だけで考えれば最低レベルになってしまうかもしれない。もちろん、企業側も「言語力に何の問題もない現地人」を雇う方が、楽である。

つまり僕たちは**「こんな状況においても自分が採用される仕掛け」**を作る必要があるのだ。

一点突破のスキルをつける

そこで使えるのが「一点突破のスキル」だ。言語能力の関係ないスキルを持っていれば、それが自身の魅力となり、働き口は一気に見つかりやすくなる。

例えば、「グラフィックデザイナーです」では普通すぎて、自分よりキャリアが長く、技術に長けた現地人のデザイナーに敵わない。

そこで、このようにアピールしてみる。

「自分は**『グッズデザイン』に長けたグラフィックデザイナーです。**これまで約100種類以上のグッズを、自主販売、企業コラボなど様々な形態で作ってきました。どんな分野でどんなデザインが売れるか熟知しており、きっとあなたのグッズ販売を促進させる役割を果たせます。実際に○○とコラボでグッズを出したときには△

△という打ち出し方をすることで、売り上げを10％増加させました」

これは僕が実際に使った謳い文句であり、このアプローチで、カナダで複数の仕事を獲得することになる。

まずは「個人と仕事をする」

モントリオールで夢のような修行期間を過ごしていたが、カナダに来てから約半年が経った10月頃、ついにお金が底をつき、来月から収入がなければ生活ができない状況になった。

この頃には「英語力」も「デザインスキル」も向上していたので、フリーランス形態で継続的な仕事をしてくれる企業を探していた。しかし、どの企業の求人情報を見ても「現地での学歴または職歴が必要」と明記されていた。

そこで、まずは**「学歴や職歴の関係ない、個人経営のクライアント」**にアプローチをかけ、実績を作ることを決めた。特に、既に友人として関係が成り立っている個人であれば、提案の仕方次第で仕事に繋がる確率が高い。

実は「修行生活」を送っている間、休憩中にアパレルストアに寄ってウインドウショッピングをすることを息抜きにしていたのだが、ある日入ったお店のオーナーが、僕の被っていたキャップを見て「かっこいいデザインだね！」と褒めてくれた。何かのきっかけになればと、基本的に毎日、自分で作ったグッズを着ていたのだ。その場で意気投合し、オーナーのMaxime（マキシム）とInstagramアカウントを交換した。

それから特に音沙汰があったわけではないのだが、僕はもうこれしかないと思った。

「彼の店で、自分のグッズを販売させてもらおう」

海外初仕事はグッズ販売

僕は、新しくデザインしたグッズの画像とともに、彼にこんな内容のメールを送った。

「久しぶり！　新しくこんなデザインを作ったよ。よかったら、このグッズをマキシムのお店で販売させてもらうことはできないかな？　グッズは事前買取ではなく、売れた分から分配する形で大丈夫。金銭的な負担は一切ないと思う。ＳＮＳでグッズの宣伝も手伝う。日本のお客さんにも知らせることができるし、できることはすべてやるよ」

彼からはこう返信がきた。

「めちゃくちゃかっこいいね！　グッズの販売まで手伝ってくれるのは、こっちとしてもすごく助かる。取引条件も完璧。ぜひ、うちの店で販売させてほしい」

実は連絡する前「自分から置かせてほしいとお願いするのは図々しいか……」と、ためらっていたのだが、驚くほどすんなりとＯＫが出てしまった。

僕は急いで工場にグッズ製作を依頼し、日本にいるバンドメンバーに頼み、ダンボールいっぱいのグッズをカナダに送ってもらった。

そして２０１６年11月の頭、モントリオールのアパレルストア“gallerie”で、僕のデザインしたグッズの販売がスタートした。

評判はとてもよかった。グッズの横に置かせてもらっていた名刺をきっかけに現地のアーティストからデザイン依頼が来たりして、小規模ながら、僕はカナダで仕事ができるようになっていった。

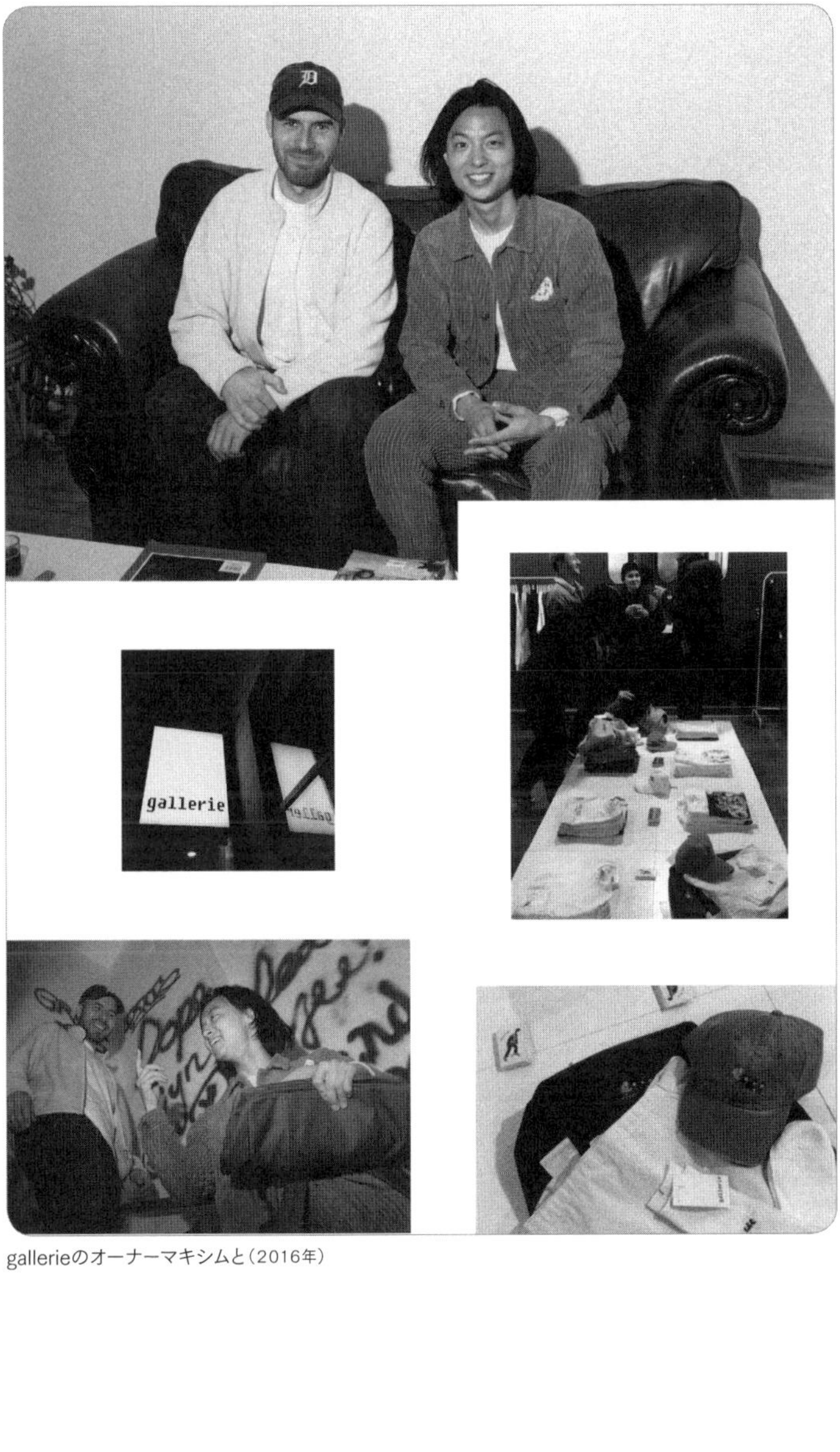

gallerieのオーナーマキシムと（2016年）

「企業との継続案件」にチャレンジ

仕事は着実に増えはじめていたが「個人の単発案件」だけではなかなか収入が安定しない現実に直面した。そこで僕は「企業との継続案件」にチャレンジすることを決める。

ある日、自分が生活に行き詰まっている状況を見かねた現地の友人が「フリーランスデザイナーの募集を見つけた」と知らせてくれた。

その企業は、“Phi Centre”というモントリオールの総合アート会社だった。街の中心部に自社ビルがあり、ブティック、VRを体験できるギャラリー、ライブスペース、シアターまで完備されているモントリオールの大企業。僕も以前この場所に展示会を見に行ったことがあり、モントリオールに住むアート好きな人なら誰でも知っているような会社だった。

このまま勢いで応募しても、経験不足の外国人である僕が採用される可能性は低い。そこで、自分の一点突破の武器である「グッズデザイン」をアピールポイントとして**「面白い人になる」**という戦略を立てた。

①履歴書で差をつける

実は欧米には、日本のような形式ばった履歴書フォーマットがない。それぞれに簡単な自己紹介や経歴を記した書類を作り、それを履歴書として提出するため、顔写真すら載せない淡白なものが一般的だ。

そこで僕は「履歴書で差をつけよう」と考えた。

「フォーマットがない」という慣習を利用し「誰も作らないような履歴書を勝手に作ってしまえばいい」と思ったのだ。しかも自分が応募しようとしているのは「デザイナー職」であり、ここで優れた履歴書を作ることができればスキルもアピールできる。

僕は履歴書を勝手に2枚組にして、後半一枚をポートフォリオにした。顔の写真を載せないのが一般的なところを、しっかりと顔を載せてみた。しかも全篇フルカラー。これで、他の応募者と差別化を図った。

実際に送った履歴書

この履歴書を提出してからしばらく待っていると「一度会社に来て話してみましょう」というメールが届いた。履歴書の工夫が功を奏し、一次選考に受かったのだ。

②序盤で自分のペースに持っていく

実際の面接では「序盤で自分のペースに持っていく」ことを意識した。

なぜなら、終始受け身の面接では印象が薄くなってしまうし、何より英語が母国語ではない僕たちは、言語力の問題でうまく返答できない可能性がある。

そこで、「自分は会社のためにどんな貢献ができるのか」をオンライン英会話であらかじめ練習し、発言権を与えられた瞬間、それを披露する気持ちでどんどん話すのだ。

もちろんただ自己主張をしても図々しいだけで終わってしまう。だからこそ、「一点突破の武器」を「具体例」を持ち出しながら伝え「それについてもっと聞きたい」と相手側に思ってもらえるようにつとめる。

「グッズデザイン」を売りにしようと考えた僕は、キャップ、Tシャツ、靴下、リュックに至るまで全て自分でデザインしたグッズを身につけて面接に臨んだ。「自己紹介をしてください」と言われると、全身にまとっているグッズを自分でデザインしたことをアピールするのはもちろん、どれだけグッズをデザインしてきたか視覚的に見せるため、リュックのなかからさらに10種類くらいのグッズを取り出し、テーブルに広げひとつずつ説明した。

その勢いに面接官は笑っていたが、印象付けることには成功した。

このように、実物があるならそれを、なければファイルにまとめてポートフォリオを作り、視覚的に見せて興味を惹きつけるのがいい。

面接形態や雰囲気によって臨機応変に対応した方がいいが、たいていの場合面接は10分程度しか話さないのだから、この短い時間で「面白い人だなあ」と思わせることが鍵になる。

繰り返すが、英語力が完璧ではなく、ビザにも制限がある自分が採用されるのだとしたら、それは**「何か他と違う魅力があって、その魅力で会社に貢献してくれる人」**だと認識されたときだ。

失敗したってここは海外である。周りを気にして明日から生きづらくなることもない。吹っ切る気持ちで「面白い人」になろう。

モントリオールでフリーランス契約

面接から数日が経ち、「是非一緒に働きましょう」とメールが届いた。

僕は採用されたのだ。

ギャラリーとブティックを併設しているこの会社では、毎月特定のテーマに沿った展示会と、そのグッズを販売することになっていて、僕はブティックで販売される「グッズデザイン」を任せてもらうことになった。

「一点突破の武器」をこちらから提示したことで「じゃあこのジャンルはあなたに任せます」と、スムーズなマッチングが成立した。逆に、「デザイン、なんでもやります！」のような漠然とした伝え方では採用されていなかったと思う。

それから数ヶ月間、デザインはもちろん、英語でのビジネスメールの送り方、請求書の作り方などを、実際の経験を通して学ぶことができた。

モントリオール Phi Centre

英語×日本人

日本人として生まれたことを武器にする

「スキル」の他にも、この本を読んでくださっている全ての人が既に持っている圧倒的な武器がある。

それは、**「自分が日本人であるという事実」**だ。

ここで言う「日本人」とは国籍にかかわらず日本で生活し、日本語を母語として話しているという意味である。

カナダで生活を送るなかで、僕はこんなことに気がついた。

「世界で、日本のカルチャーは、僕たちの想像以上にユニークで素敵なものとして見られている」

現地で知り合ったカナダ人に自分が日本出身であることを伝えると、かなり多くの人が「寿司・ラーメンが好き！」「アニメ・ゲームが好き！」と、日本独自の文化への好意を伝えてくれた。また、待ち合わせ時刻の通りに集合しただけで褒められたこともあり「日本人は礼儀正しく、見習う部分がたくさんある」という世界の共通認識が、いまも強く存在することを感じた。

国として様々な課題がある一方で「人」や「文化」に限って言えば、世界の日本人へのイメージは、総じてよいのではないかと思う。

現に、日本のパスポートを持っていればビザなしで１９０カ国に渡航することができ、これは２０２０年時点で世界単独１位を誇る。

言うなれば、**「日本人であることは武器になる」**のだ。

日本人であることの活かし方

ただ、「日本人であることを武器にする」といっても、「アニメ」や「和食」などのカルチャーを押し出した何かをしなければならないわけではない。

僕が考える日本人であることの活かし方は２種類ある。

①日本に興味のある外国人にアプローチする

まず、「日本に興味のある外国人」にアプローチできるのは言うまでもないだろう。例えばこれから日本に進出したいと考える外国の企業にとって、日本文化に精通した日本人が味方にいれば、これほど心強いことはない。

②海外に興味のある日本人にアプローチする

これは意外と忘れがちだが「英語が話せる」または「海外にいる」という条件を満たしているとき、あなたは「英語・海外に興味のある日本人」にとって、非常に貴重な存在となる。

例えば、あなたが英語を話せるようになりたいと思ったとき、または海外で仕事をしてみたいと思ったときにまずやることは「英語　話せるようになる」や「海外　仕事」といったキーワードをインターネットで検索することではないだろうか。

このときあなたが魅力的に感じるのは「専門家による見解」よりも、
「日本で生まれ育った人が努力により英語を話せるようになった過程」や、
「いま、実際に海外に住んでいる人の生活」ではないかと思う。

僕たちは常に、個人の葛藤から何かを学びたいのだ。

つまり、ひとたび長期で海外に住み、英語を真剣に学んでしまえば**「海外にいる、英語が話せる日本人」**という武器を手に入れることができる。ここに特別なスキルは必要ない。

英語ブログの開設

実際、お金がなくとも英語が話せるようになりたいと思った20歳のとき、僕は毎日のように「英語　独学」などといったキーワードでインターネット検索をしていた。

しかし、どのサイトを見ても、結局は高額な英会話教材や留学サイトに誘導されてしまった。

だからこそ、「英語日記」や「オンライン英会話」を使った独自のメソッドを考えるしか方法がなかった。

そして、カナダに住みはじめて1年が経った２０１７年4月。

英語もかなり話せるようになり、現地の仕事で生計も立つようになってきたタイミングで、僕はブログを開設し、YouTubeに英語を話す動画をアップロードする。
ほとんど直感だったが、「いまなら、これまでの自分の経験が、『英語』『海外』の分野で夢を見る多くの日本人を救える」と思った。

結果、一番初めに書いたブログ記事「独学3年間の努力と道のり。日本で英語が話せるようになった僕の勉強法」は公開後すぐに「英語　独学」のキーワードでGoogle検索1位になった。ＳＥＯの会社で働くインターネットに詳しい友人からは「奇跡が起こっている」と言われた。

その後ＤＭＭ英会話公式ブログで連載が決まり、TwitterとInstagramの総フォロワー数は2万人を超え、さらにはこの本の執筆依頼をいただくことになる。

これほど多くの日本人が「英語」「海外」に興味を持ち、それぞれに悩みを抱えていたのだと衝撃を受けた。

これまでもがいてきた全ての経験が「人を救うため」にあった気さえした。

「人を救う」という意識

そう、この一連の出来事を通して僕が何よりも強く思ったのは、**「人を救うことの価値」**だ。

考えてみれば、仕事とは「人を救うこと」ではないだろうか？

フリーランス的な働き方をしていると身に沁みて感じるが、お金とは、労働時間の対価によって渡されるものでは決してない。

「自分が人を救った度合いが、お金という形で戻ってくることがある」だけなのだと思う。

だからこそ、どう働けばいいかわからなくなったら「どうしたらお金を稼げるか」ではなく「自分は何で人を救えるか」を考えてみる。

自分の興味を突き詰めた結果、人を救えるほど質の高いものを生み出し、自分の作ったもので社会をよくできたら、なんて素敵だろうか。

英語×インターネット

インターネットは世界の縮図

英語と掛け合わせるべき対象として最後に紹介するのは**「インターネット」**だ。

僕はいま、こんなことを思う。

「海外志向の強い人こそ、これからは海外という概念を持たないことが重要になる」と。

なぜなら、誰もが憧れるような世界のトップで活躍する人や企業は、既に「海外」というくくりで仕事をしていない。いまや英語を使って国をまたぐのは当たり前で、ここにわざわざ「グローバル」という言葉を持ち出すこともないのだ。

そして、海外の概念を取り払った人間に一番マッチするツールが「インターネット」だと考える。

インターネットは、現代に生きる僕たちが一番身近に感じることのできる**「世界の縮図」**である。Twitter、Google、YouTube、Instagram、これらを日本語だけで使用しているとあまり実感はないかもしれないが、ひとたび英語で使い出せば、例えば同年代のアメリカ人やイギリス人が見ている景色とまったく同じ世界を、日本にいながら覗き見ることができる。

つまりインターネットは、「国境が存在しないひとつの世界」と捉えることができないだろうか？　日本にいても海外にいても瞬時にアクセスできるこの「世界」を、僕たちはうまく利用するべきだ。

インターネットに就職

２０１７年9月、ワーキングホリデービザが切れるタイミングで日本に帰国し、翌年の春から大学へ復学した。

モントリオールの会社との契約はここで一旦終了し「これでまた普通の大学生か…」とも思ったが、ネット上のやり取りだけで完結する案件に限れば相変わらず海外のクライアントとも仕事ができていた自分は、こんなことを思いつく。

「周りの多くの大学生が企業に就職するように、**自分はインターネットに就職することができないだろうか？**」

英語とスキルを効果的に掛け合わせることで、現実世界では日本の大学４年生として生きながら、インターネット上で「世界的な」働き方をしようと考えた。

インターネットで仕事をする

ここで、インターネットを使い世界のクライアントから仕事を獲得する方法を紹介する。

①「クラウドソーシング」を使う

ひとつは、依頼者と制作者のマッチングサービスであるクラウドソーシングサイトを使う方法だ。海外では、日本より遥かにクラウドソーシングが盛んなのだ。

例えば世界最大手である「Upwork」には、２０２０年現在、約１２００万人のフリーランサーが登録されている。日本の最大手「ランサーズ」が50万人であることを考えても、桁違いの規模である。

クラウドソーシングでは案件単位で応募することができるので、自分ができそうな仕事からチャレンジできる気軽さがポイントだ。「デザイン」「アプリ」「ウェブ開発」「ライティング」「翻訳」など多岐にわたる案件が掲載されており、経歴の浅い方がはじめる「最初のステップ」としていい機会になるだろう。

②「ビジネス特化型ＳＮＳ」を使う

ある程度経歴があれば、「ビジネス特化型ＳＮＳ」を使うことを強くおすすめする。特に有名なのが「LinkedIn」だ。現在、世界で5億４０００万人以上のユーザーが登録しており、欧米では名刺交換の代わりにLinkedInアカウントを交換することもある。海外では、ビジネスをする者としてLinkedInアカウントを持っているのは「当然」で、プロフィールを充実させていればそれだけで企業からのジョブオファーが来たりする。転職などによく使われるＳＮＳであり、これまでのキャリアが生きてくるだろう。

また、あなたが「イラストレーター」「デザイナー」「フォトグラファー」といったクリエイティブ業界で働く人であれば、「Behance」を使うのがいい。世界ユーザー数１０００万人を超えるクリエイター向けＳＮＳ「Behance」では、サイト内で求人を探し、そのまま応募ができる。ポートフォリオ代わりのプロフィールページに、自身のスタイルが一目でわかるような過去の作品を載せておこう。

日本ではまだあまり普及していないビジネス特化SNSが、世界には数多く存在する。「英語」ができるとは、マーケットを無限に広げ、自身の価値を何倍にも増幅させるチャンスでもあるのだ。また、英語を使って海外のサイトに登録すること自体が英語の勉強にもなるので、自分に合ったものを是非使ってみてほしい。

③「Instagram」を使う

最後は、「Instagram」を使う方法だ。娯楽やコミュニケーションツールとして使われることが多いが、工夫次第でビジネスにも応用できる。

なぜなら、現代の社会において**「SNSで人気がある」ことはもはや立派な「実績」として使うことができる**からだ。

Twitterも世界的SNSのひとつだが、言語を超えて世界で仕事をするには、「イメージ（画像）」でアピールできるInstagramの方がビジネス運用に向いていると感じる。

そうして、僕は「Instagram」で仕事を獲得する道に挑戦することになる。

英語日記の公開

日本に戻り、これまで挙げてきた全ての要素を掛け合わせ、自分にできることを改めて考えた。

結果、いままで勉強のために使ってきた英語日記にイラストを描き加えて、Instagramで公開しようと考えた。

なぜなら、

- （英語学習者に向けて）「日記勉強法」を浸透させる
- （未来の海外クライアントに向けて）自分のデザイン・イラストを営業する

このふたつが同時に叶うと考えたからだ。

そうと決まれば、まずは自分の存在をできるだけ多くの人に知ってもらう必要がある。

僕はイラスト付きの英語日記をハッシュタグをつけて毎日投稿した。最初の数ヶ月はなかなか仕事依頼が来なかったが、更新を1年続けた頃から次第に世界の企業やアーティストから依頼が来るようになった。仕事獲得のために効果があった試みをいくつか紹介する。

誰から仕事を受けたいかを明確にする

最初は「日本人の英語学習者」と「海外のクライアント」の両方に向けて発信していたが、まずは後者だけに絞ることを決めた。なぜなら、**「誰から仕事を受けたいか」**を徹底的に明確にすると、仕事獲得の確率はグッと上がるからだ。

ターゲットは**相手の顔がわかるくらい具体的にする**べきだと考える。僕は「海外の音楽レーベル・アーティスト」を最初のターゲットに、次のことを行った。

・自分自身がミュージシャンであり、音楽関連のデザインに精通していることを英

文の投稿で示す

・プロフィールを英語にし、“Please contact me via DM”（ＤＭからご連絡ください）と書き添え、連絡しやすくする

・ハッシュタグを、ターゲットが関心を持ちそうなニッチな英語タグに変える

例 #cdcoverdesign（ＣＤカバーデザイン）#merchdesign（グッズデザイン）など

これで、複数のアメリカ人アーティストや、韓国の音楽レーベルから仕事をいただくことができた。

リピートしてもらう

次に大事なのは、**「リピートしてもらう」**ことだ。

例えばデザインの仕事をひとつ依頼してくれたクライアントに、こんなことを言ってみる。

"I am also able to draw illustrations if you require them. I am adept at creating illustrations with my own color style.
I can also provide networking options by connecting you to new Japanese clients."

「私は色を武器にしたイラストが得意で、必要であればイラストも描きます。また、ネット上で日本のお客さんと貴社をつなげることもできます。」

これで実際に、ロゴデザインを依頼してくれた中国のホテルが「館内に飾るイラスト」も注文してくれたことがあった。

思うに**「自分の需要は自分で作る」**ことが重要になる。

「相手から依頼されたこと」以外に、国境とジャンルを飛び越えた真新しいアイデアを２、３個持っていく。それがその場で仕事になることもあれば、「では次回はそれで」と継続して仕事を依頼していただけたりする。

個人のフリーランスが毎月新規顧客を何件も獲得するのは至難の技だが、**「一度仕事をさせてもらった相手にとって、Ｎｏ・１のデザイナーになり続ける」**ことができれば、仕事の絶えないデザイナーになることができる。

時間がかかることを肯定する

最後にひとつ。色々な施策を打ったが、一番大事なのは「作品自体のクオリティを高めること」だったように思う。

いま見返してみると、仕事が来なかった最初の数ヶ月は、単純にクオリティが低かった。

更新開始から一年が経ち自分のスタイルが確立してきたタイミングで、ようやく仕事の依頼が増えていった。

飛び立つには、翼が必要。

いま十分な翼が生えていないのなら、まずは立派な翼を生やす努力に集中することが、一番の近道なのかもしれない。

たしかに時間はかかるけど、時間がかかっていいじゃん、と思う。

時間がかかることを肯定すれば、今日おこなう勉強や練習にもっと心地よく向き合える。

せっかくの自分の人生だから。

いまは、誰のことも気にせず、たっぷり時間をかけ、考え得る全ての可能性を試そう。

人生は実験であり、アイデア次第でいくらでも楽しくなる。
僕は本気で、そう信じている。

おわりに

英語学習本にしては個人的なストーリーを書きすぎているし、自伝にしては実用書的な要素がありすぎるのではないか。様々な疑問や葛藤を巡らせながら、２年をかけて書き上げたのが本書です。

僕はもともとミュージシャンで、後にデザイナーになった人間です。自分で生み出した「英語日記」勉強法に何度も助けられてきましたが、言ってしまえば「それを文章にして伝える活動」をする必要のない人間でした。「押しつけ」になるのも避けたくて、これといった発信もしていませんでした。

しかし、ある出来事により意識が変わりました。カナダ生活にもなれてきた頃、ビザの関係で日本に一度だけ一時帰国をしました。せっかくなら、ということで１日限定の復活ライブを行ったのですが、終演後、あるお客さんからこんな相談を受けました。

「ずっと夢だった海外生活をしてみたいのですが、まだまだ英語も話せないし、十分なお金もありません。そんな簡単に仕事は見つからない、と親にも反対され、海外で叶えたかった夢を追いかけることが正しい選択なのかどうか、自分でもわからなくなってしまいました」

「3年前の自分を見ているようだ」と思いました。逆に言うと「自分がこの3年間悩みながら解決してきたテーマ」だったので、すんなりと答えることができました。

「僕自身まだ若く未熟であり、自分でも何が正解かわかっていないところがありますが、おそらく『やってみたいことがある』というのは想像以上に貴重な感情であり、一般的に『やらなければいけない』とされていることよりもずっと大切にした方がいいんだと思います。それこそ、親や友人がなんと言おうと。僕は、やりたいことをやってみた上でわかった辛さと楽しさの上にいま、生きています。すごく生きている感じがします」

　そして、具体的な方法としてこの本に書いてきた自分の経験を伝えました。

するとその方は「今日、本当に来てよかったです。これまで見たこともなかった新しい道が開けたような感覚です」と涙を流し喜んでくれました。ライブ演奏よりも感動しているように見えました。

その時、僕は稲妻が走るような衝撃を受けました。

それまで自分は「音楽」の力を借りないと人を救う活動ができないと思い込んでいたのですが、「実体験を言語化する」という、こんなにシンプルなことで人を救うことができるのかと、それこそ新しい道が開けた感覚を抱きました。

それから、曲を作るように記事を書き、フルアルバムを制作するようにブログを開設しました。

２０１７年10月、帰国直後に出版のお話をいただきました。ちょうど僕のブログが「英語　独学」Google検索1位になり一番読まれていた時期です。

普通、英語学習の本は、TOEICが満点だったり、英語教育者として有名な人が書くものだと思います。当時僕は23歳で、そもそも本を出すには早すぎる自覚も十分にありました。

しかし、「お金をかけて留学をしなくても英語は話せるようになること」や「ある程度話せるようになった後の掛け合わせ方が重要だ」ということを、実際の物語とともに解説する本は存在しないのではないかと思いました。

これは「教科書」ではなく、「自伝的学習本」です。

みんなが「こうあるべきだ」と押しつけるつもりはなく、参考にしたい人だけに、自主的に参考にしてほしい。

生まれ持った境遇や経済環境によりお金がかかる既存の英語学習をすることができない人に向けて書きました。

「英語日記」を「語学留学」「英会話スクール」に続く第三の選択肢として提示するのが僕の使命です。

英語って本当にすごいです。

英語が話せれば、いまある悩みの半分は解決するのではないかと思います。

なぜなら、いまの僕たちに必要なのは自由に世界を行き来する「フレキシブルさ」だと考えるからです。

これからは、「就職」「フリーランス」「日本」「海外」といった枠にとらわれず、その時に必要な選択肢を常に自分の意志で選ぶことができる「フレキシブルさ」に、何よりも尊い価値が見出されるのだと思います。

そういう意味で「英語」と「専門スキル」の同時習得は、少々時間がかかってでも挑戦する価値が十分にあります。いまからおこなう1~2年の努力で、これから数十年続く人生が何倍にも生きやすくなります。

だからこそ、言います。

勉強しよう。

僕は今年から、デザインやイラストを独自の方法で表現する「グラフィックアーティスト」として、ヨーロッパで挑戦しようと考えています。ヨーロッパにコネはなく、また振り出しからのスタートです。

正直、希望を上回るくらいの不安もありますが、驕らずに勉強さえ続けていれば大丈夫な気もしているのです。

それでも落ち込みそうになった時はこの本を読み返し、初心に戻ります。また、読者のみなさんがそれぞれに進んでいく素晴らしい道を想像しながら乗り越えていきます。一緒に。

本書は、クラウドファンディングで
費用を募り一部撮影をカナダでおこないました。

Special Thanks（クラウドファンディングにご協力いただいたみなさま）

青木なるみ／秋本佑／秋山祐一郎／麻生隼希／足立萌花／阿部聖香／阿部晴香／阿部泰代／荒井遥香／新多可奈子／ありんこ／アルガ／飯田涼子／池田実由／伊佐治慎梧／井澤あゆみ／石川智美／石垣直仁／伊藤このみ／伊藤沙桜／伊藤大地／伊藤美咲／稲熊奈穂／井上果穂／いわたにかなえ／岩間恵／ヴァン 夕佳／上田 菜津子／上之薗 海斗／植松依子／宇多村礼／宴／海野航平／海野雅子／梅木由紀乃／遠藤美智子／遠藤みなみ／大木隆広／大久保菜々絵／大熊龍哉／大谷惠／岡崎真梨乃／萩原美保／尾崎美香／貝塚奈緒／海道あゆみ／カサイミロク／片木希依／加藤かづき／加藤知夏／壁谷美緩／上條舜也／神谷侑子／金子七海／かわぐちまさみ／川口綾／河津潔範／かわし／河西悠志／川野栄音／河村久志／北口紀子／橘高純之介／木下翔太／木村真衣／キャドレックジョシュア喬志／金錦姫／窪田かれん／車なつみ／桑原照代／軍司有佳里／航星／五加えりさ／小斉平海帆／小坂稔／小山香奈絵／齋藤知美／齊藤友里子／酒井優美／作埜絵美／佐光紘季／佐々木ゴウ／佐藤奏／佐藤希／佐藤匡美／佐藤まり子／佐野 達哉／柴田紗季／志水美日／下池弘太／じゅちゃん／菅野幸江／杉浦佳純／すぎもとゆり・タイガーレモン／須田愛実／須藤春乃／ずーみん／関戸望／セミの人／高澤啓資／高杉優花／高田ゲンキ／高橋敬子／高野芳季／田口菖子／たくまのりこ／たくやさん／竹之内美穂／橘萌子／舘洋介／田中琴絵／田中天／棚橋洋佑／谷口可奈／玉城可奈恵／田村陸／塚本玲子／土屋絢／筒井菜央／でか美／てる／東堂優／所隼汰／豊本寧々／トリカステラ／長瀬諒平／中島萌／永野慧／中林亜樹／中村浩希／中村凪沙／中村麻由／中矢奏美／中山和男／中山野乃花／なつきち／成井如子／成島純／新倉夕貴／二上杏奈／西原沙希／にしやまゆり／仁平尚人／沼山明希子／野田佳奈／野田初恵／野藤弓聖／野間口拓実／橋本琴美／パトリシア／花井雅敏／林佳菜／林千早青／林穂奈美／林由貴／ハラマコンテンツ／春田雅貴／はるのぶ／菱田野乃花／日出幸／平岡 更紗／深井桂樹／深井梨沙／深野淳也／藤井達也／藤田隼輔／藤巻裕登／福石優／福住彬／福田駿希／福田有紀／舩戸里沙子／プリちゃん／古着屋キャットム／古着屋 NER／古野湊／べちまる／細川岬／堀田佑介／堀林正／本田夏海／本田美希／牧野愛花／松井瑞希／松井里菜／松本あい／マツモトフユ／松本麻友香／ミウラユリカ／水野陽介／宮崎美穂／宮田澪／宮地正明（ex. フィッシュライフ）／宮本菜津子／宮本真理子／村井珠美／村里優季／室井雅也／森井あゆみ／森田千景／安岡朋香／安賀裕子／安田ケリー／やなぎさわまどか／山口塁／山崎祥平／山城さくら／矢野拓実／やまだもえこ（フジロックのひと）／山田桃子／山本瑞樹／ゆか／ユキガオ／横井雅史／横山麻衣／吉岡芽映／吉田佐和／吉田聡一郎／吉田真世登／脇中寛太／脇元彩名／脇山妙子／ワタナベジュク／渡邊音嬉／12dh／884hasiru／acamarossa／Akihiro Yasui／AYAKA SUMIDA／BLT 有志一同／Bun Suzuki／conny_study／Emiko W／fmponyu／Fuka／haru／HIMAWARI ABIKO／hinami／hnnnk173／Iwabuchi Mami／Kakuda Marie／Kanami.H／keiamsterdam／Ko-hei Yamashita／Lisa Yasu／maki／Marina Kohagura／matsu／Meg Takano／Miho Takahashi／minari／minimalist_sibu／Misae Oca／Miyako Kugue／mone／_museena／Mutsumi matsushita／natsuho muraoka／natsumi／Nissychan／Rina.K／shimizu maiko／shiroshio／Taiga／taori／Tomohiko Hatano／wulao／yasinski_28／yoriiim／YOSHITARO YANAGITA／YoYoYo／yusa／YUTA HOSHI／ZICCO

新井リオ（あらい・りお）

Designer / Illustrator　1994年生まれ。立教大学社会学部卒。19歳から独学で英語とデザインを学ぶ。2016年カナダに渡り、フリーランスデザイナーに。Sony Music Shop / TOWER RECORDS / ヴィレッジヴァンガードとのコラボグッズ、雑誌WIRED / EYESCREAM web連載イラスト提供など。「英語日記」による勉強法をつづったブログが、約2年にわたり「英語　独学」Google検索1位（累計300万PV）を記録。ロックバンドPENs+のボーカルとして、2012年に日比谷野音で開催された閃光ライオットに出場。

英語日記BOY

海外で夢を叶える英語勉強法

発行日　2020年1月30日　第1刷発行
　　　　2023年11月6日　第14刷発行

著　者　新井リオ

発行者　小柳学

発行所　株式会社左右社
〒151-0051 東京都渋谷区千駄ヶ谷3丁目55-12
ヴィラパルテノンB1
TEL 03-5786-6030 / FAX 03-5786-6031
http://www.sayusha.com

装　幀　加藤賢策（LABORATORIES）

イラスト・口絵デザイン　新井リオ

写　真　Rudy（MarzMarz）、中矢奏美、Naoki Yamashita

印刷・製本 創栄図書印刷株式会社

ISBN 978-4-86528-263-4